カルチャー活用による
〝脱競争〟の戦略

市場の空気の読み方

PREDICT MARKET TRENDS
"Decompetition" strategy by utilizing culture

川又啓子　西村啓太　編著
吉田寿美　鈴木雅陽　高橋悠一郎　著

同友館

目次

目次

第1章

カルチャーが、ビジネスを動かす

Ⅰ．実は、カルチャーが生活者の買い物を左右する

世の中には、色々な成功しているビジネスがある。その成功の要因も、技術イノベーションやビジネスモデル、営業ネットワークなど、さまざまなものがあるだろう。ただ、よくビジネス書で語られるこれら企業側の要因だけで、本当にすべてのビジネスが成功するのだろうか？　自分も一人の生活者として振り返ったとき、モノやサービスを選ぶ際の理由として、「安いから」「かわいい／かっこいいから」「何かの機能がすごいから」等々だけでなく、シンプルに「その商品・サービスやそのブランドが〝好き〟だから」という理由もあるのではないだろうか？　この〝好き〟という気持ちは何に起因しているのだろうか？　根底には、「自分が持っている価値観やライフスタイルに合う」こと、これがすなわち何かを〝好き〟になる理由だと考えられる。生活者にとって、モノやサービスを選ぶ際に、すべての選択肢の中からスペックや価格を厳密に比較検討して選ぶことは、とても難しい。特に、インターネットを介して情報が氾濫するこの時代であれば、尚のことだろう。そうした、厳密にベストなモノ・サービスを選ぶことが難しい時代において、「価値観やライフスタイルに合うから」というモノサシは強力だ。企業が提供する価格やスペック、キャンペーンなどの情報の厳密な比較検討を省略して、「自分」を軸にモノやサービスを選ぶことができる。企業が色々な工夫を凝らそうと、最終的には、生活者の「選び方」がすべてなのである。

この生活者の選び方に影響を与える要因として、本書で着目している要素が「カルチャー」である。「価値観やライフスタイルに合うから」という選び方を思い浮かべるとき、その「価値観やライフスタイル」はどこから来ているのだろうか？　まさか、100人が100人とも、完全にオリジナルの「価値観やライフスタイル」を持っているとは考えづらい。それでは友人と会話をするのも一苦労だ。価値観やライフスタイルが似通っている人とだと話しやすいように、世の中には一定の価値観やライフスタイルが似通っている生活者の「グループ」がある。このグループに共通する価値観やライフスタイルこそが「カルチャー」といわれる概念だ。

「カルチャー」というと、一見極めて予測しづらくビジネスとは縁遠いものに感じてしまいがちだ。しかし、アカデミックな世界では、古くから「カルチャー」の定義や「カルチャーがビジネスに与える影響」については研究がなされている。ここでいくつか紹介していこう。

Ⅱ．消費体験主義

従前の消費者行動研究では扱われてこなかったカルチャーやアートの消費へのアプローチは、１９８０年代に登場したMorris HolbrookとElizabeth Hirschmanによる消費体験主義、快楽消費研究に遡る。彼らの業績は、消費者行動研究の新たな地平を切り開くものと捉えられた（Hirschman and Holbrook 1980）。一連の研究のきっかけとなるエピソードが非常に興味深いものなのだが、１９８０年のアメリカ消費者行動研究学会におけるアートのセッションで、消費者行動研究の重鎮Harold Kassarjianは、素晴らしいセッションであったものの、伝統的なマーケティングの方法論によるカルチャー・アート研究は、「豆の缶詰」を研究対象にするより高尚かもしれないが、既存理論の応用に過ぎず、カルチャー・アートを研究対象とする理論的独自性が認められないと指摘したのである（Kassarjian 1980）。

このような指摘に対して、Holbrookらはカルチャー・アート研究の独自性として、解釈主義によるコンシューマー・エステティックス研究へと進むことになり（川又　２００２）、彼らは従来の合理的な購買行動、購買意思決定に偏重してきた消費者行動研究に対して、消費の体験的側面に焦点を当てる体験主義アプローチを提唱するようになる（Holbrook and Hirschman 1982）。Holbrook（1987）は、消費体験の一側面をなす「コンシューマー・エステティックス」についての研究によって、「『コンシューマー・エステティックス』は、文化的あるいは芸術的消費に関する特別な何かに焦点を置こうとしており（少なくともそうするべきだ）、同様にその方法を適合させようとしている（少なくとも適合させるべきだ）。」と述べた（Holbrook 1987, p.134）。

Holbrookらの方法論の拡張は、科学的方法論としては不適切であるという批判を浴びたものの、「消費者行動」研究を「購買行動」の頸木から解き放つ役割を担い、方法論的な拡張（解釈主義、エスノグラフィー（調査現場で発生する現象を記述しモデル化する手法）等）に対する貢献はあったものと考えられる（川又　２００２）。しかしながら、消費者行動研究の主流は依然として情報処理アプローチであり、消費体験主義に代表される消費者行動研究は１９８０年代の方法論争の混沌へとつき進むことになった（Arnould and Thompson 2005）。

Ⅲ. Consumer Culture Theory

その後、さまざまな消費者行動研究が行われるが、Arnould and Thompson（2005）は、消費体験主義の登場から20年間を振り返り、ＣＣＴ（Consumer Culture Theory＝コンシューマー・カルチャー・セオリー）のレビューを行った。Arnould and Thompson（2005）ではGeertzにならい、カルチャーを「体験、意味、行為が織りなすもの（fabric）」として、ＣＣＴは消費者の行為、市場、文化的な意味の間の動態的な関係性を研究する理論的パースペクティブの一つの系統であるとする（Arnould and Thompson 2005, p.868）。それまでの批判に対して、ＣＣＴは方法論に固執することはなく（多元的方法論を容認する）、また文脈を研究するわけでもない。新しい構成概念や理論的洞察を生み出すことを目指しており、無数にある消費者の日常生活の文脈における、消費体験やアイデンティティを形成する文化的意味、社会歴史的影響そして社会的動態に関わる学問であるとしている。

松井剛（２０１０）は、２００６年に米国で開催された第1回消費文化理論学会（Consumer Culture Theory Conference）の論文集の書評においてＣＣＴの貢献と問題点を的確に指摘しているが、ＣＣＴの魅力の一つは、多様な消費の場を研究対象にしており、それぞれがどのようにしてさまざまな消費文化を生み出し、せめぎ合いを創り出しているのかといった問題に着目している点であるとする。また、もう一つの魅力は方法論的多様性だという。他方、問題

図表1－1 CCTのリサーチ・トラディション

消費者アイデンティティ・プロジェクト（Consumer Identity Project）	消費者が企業の提供物によって、一貫性のある自己、あるいは分断化された自己を作り出し、アイデンティティの物語を形成する方法や過程に関する研究など
市場文化（Marketplace Cultures）	消費者を文化の生産者とみなし、ライフスタイルや消費のサブカルチャーに関する研究など
消費の社会歴史的パターン（The Socio-historic Patterning of Consumption）	社会階級、コミュニティ、エスニシティやジェンダーなど制度的社会的構造が消費に与える影響の研究など
マスメディアが媒介する市場のイデオロギーと消費者の解釈戦略（Mass-Mediated Market place Ideologies and Consumer's Interpretive Strategies）	消費者を意味解釈エージェントとみなし、消費者のイデオロギーや消費者が再生産する意味の解釈戦略についての研究など

出所：Arnould and Thompson 2005, pp.871-875.

点としては、全体的な傾向として文章が難解で分かりにくく、読者にとってハードルが高いこと、そして過度な独自性の強調がThomas Kuhnのいう共約不可能性（異なる研究枠組みの科学理論間には、両者の優劣を比較する共通の尺度は存在しない）に帰結しないかという懸念を指摘している。

Arnould and Thompson (2005) では、4つのCCTのリサーチ・トラディションを提示しており（図表1－1）、また研究対象と理論的貢献を図表にまとめているが、実に多岐にわたっていることが分かる。たとえば、対象者の国、国籍という単位でみれば、ニジェール、ガーナ、インド、ハイチ、メキシコ、デンマーク、イギリス、シンガポールが含まれ、また消費体験としては、筏下り、スカイダイビング、19世紀に行われた毛皮交易の会合の再現、ロデオ、野球などの研究が行われてきた（Arnould and Thompson 2005, pp.872-873）。CCTの近刊であるSherry, Jr. and Fischer (2017) では、ブランド、アフリカ系アメリカ人のメディア消費、詩、地中海沿岸地方のイベント、シャーロックホームズとジェンダー等に関する研究が収録されている。このような日本のマーケティング・消費者行動研究では目にすることがほとんどない対象や消費体験に関する研究蓄積が分厚いことは賞賛に値するが、とりわけ、人文系の研究の領域に近くなると、内容の薄さが目につくこともある。

Ⅳ．CCTの具体例：ハーレーダビッドソンの「ニュー・バイカーズ」

既存研究の中から具体例を紹介すると，本書第4章で取り上げるハーレーダビッドソンの事例がある。同社は米国の大型オートバイのメーカーとしてよく知られているが，Schouten and McAlexander（1995）が対象とするのは，「ヘルズ・エンジェルス（Hells Angels）」に代表されるアウトローの組織には属さない，ハーレーのオーナーに関する研究である。著者らは，サブカルチャーの消費行動から，サブカルチャーの消費構造，エートス（ethos：集団を特徴付ける慣習），共有された信念や価値集合，さらに仲間内だけに通じる隠語や儀式，象徴的な表現のモードを見いだそうとする。このような研究が消費者行動研究者やマーケターにとって，とりわけ興味をそそられるのは，そのような消費活動が有する文化的意味を解明することによって，集団を形成する特性を把握できるからである（Schouten and McAlexander 1995, p.43）。後継の論文で，著者らの解釈を修正（発展）することになるが（Schouten and McAlexander 2012），図表1－2に示される彼らのエスノグラフィーのタイムラインは分析枠組み（整理方法）として参考になる（この研究を契機に著者らは実際にハーレーを購入するに至っており，個人的には驚愕したが）。

この研究から得られたマーケティング・インプリケーションは，サブカルチャー（ハーレーダビッドソン）の消費は，マーケターに消費者と自社の提供物（財またはサービス）との間の象徴的な関係性に関与する機会を与えるということだ。サブカルチャー消費の構造とエートスを理解できる（市場の空気を読める）マーケターは，サブカルチャーを機能させるために必要とされる対象を提供し，サブカルチャー内のコミュニケーションを円滑にして，メンバーにとっては聖地ともいえるイベントを主催する機会を得る。その結果として，顧客ロイヤルティや好意的なクチコミ，フィードバックが得られるというわけだ。

図表1－2　ハーレーダビッドソンのエスノグラフィーのタイムライン

時間経過	1990年3月～1991年3月	1991年6月～1992年9月	1992年12月～1993年12月
エスノグラフィーの関与段階	非参与観察	パートタイム参与観察	フルタイムのエスノグラフィー
節目となるイベント	プロジェクトの概念化 インフォーマントとの接触（第1回） 助成金申請 Sturgis Ralley Daytona Bike Week BMWのバイク購入（Schouten） ハーレーダビッドソン本社へのインタビュー アイオワ州でのBMW Rally ABATE Rally 西部HOC（ハーレー・オーナーズ・クラブ）Rally HONDAのバイク購入（McAlexander）	中古のハーレー購入（Schouten） 西部HOC Rally 新車のハーレー購入（Schouten，McAlexander） HOCのアクティブ会員開始	ハーレー・ダビッドソン リサーチ・サミット 西部HOC Rally
調査者の状況	部外者 イベントでの「観光客」	新参者 調査者vsノン・バイカー 受け入れられる 尊敬はされていない	進化する内部者 バイカーとして「合格」 自由に自分のスタイルを形成
調査タスク	ステレオタイプの研究 安全なアクセスの同定 シンボルのカタログ化 ーコスチューム、カスタム化等 初期インタビュー	カテゴリーの識別開始 文化変容 主要イーンフォーマント識別 バイカー・フェスティバルでの参与観察	共感的理解形成 サンプルの拡張と深耕 分析枠組み開発 テスト・妥当性検証 メンバー確認 エスノグラフィーの距離の維持
調査者の感情	バイカーへの恐怖 風変わりなものに魅了 期待 極度の自意識	興奮 楽しみ ポジティブな自意識	重要度増す 周期的超越 心地よい自意識の欠如 「中毒」と「撤退」に乗る
個人的関与	バイクにたまに乗る/まったく乗らない バイクは所有していない 非バイカー組織への所属	バイク所有（ハーレーではない） バイクに定期的に乗る バイカー・クラブを訪問（非会員）	ハーレー所有 バイクを移動の主要手段に HOGのアクティブな会員

出所：Schouten and McAlexander 2005, p.45.

V. Chief Culture Officer（最高文化責任者）

マーケティング分野では、文化は市場／消費者に影響を与える環境要因の一つとして扱われており、必ずしも中心的な課題ではなかったと考えられる。定性的な消費者行動研究で知られるMichael Solomonの教科書ですら、文化は12章で扱われるに過ぎない。数少ない例外が、国際マーケティングの分野で、Usunier and Lee（2009）では、文化に関する諸定義のレビューから始まり、文化を構成する要素、文化のダイナミズムなどを相当数のページを割いて扱っている。また日本人研究者では、三浦俊彦（１９９８、２０１３）が、国際マーケティング研究を渉猟し、日本の消費者行動の諸特徴の文化的・歴史的起源に遡りながら、マーケティング戦略への示唆を提示している。

そのような中で、本書では文化とビジネスとの関係を取り上げるが、本書執筆の端緒となったのは、ＣＣＯ＝Chief Culture Officerの存在である。翻訳すれば「最高文化責任者」であろうか。ＣＥＯ（Chief Executive Officer＝最高経営責任者）、ＣＯＯ（Chief Operating Officer＝最高執行責任者）、ＣＩＯ（Chief Information Officer＝最高情報責任者）と「Ｃ」で始まる役職名はたくさんあるが、これからは企業内にＣＣＯを置くべきだと同名の書籍（〝Chief Culture Officer〟）で主張したのは、カナダ人人類学者／消費文化研究者のGrant McCrackenである。同氏はアメリカの消費文化の研究者で、カナダ人から見たアメリカの消費文化に関する業績が多数ある（McCracken 1981; 1987; 1988; 2009）。

同書によれば、ＣＣＯとは他の職業（専門職）と同様に、長期的な視野をもって熟慮して、体系的に選択肢を検討し、代替案を探索して、注意深く意思決定をする人材（McCracken 2009, p.40）であるという。最近は組織文化の担当者をＣＣＯとする向きもあるが、ここでは、ＣＣＯの主力業務である「カルチャー」とは、企業文化を指しているのではなく、企業の外に存在する消費者の生活を構成するアイデア、感情や活動を意味している（McCracken 2009, pp.1-2）。

ではなぜカルチャーなのか。なぜならば、カルチャーを知ることによって、優位性、機会やイノベーションといった「カルチャー」から引き出された価値を発見することができ、また「カルチャー」こそが地殻変動の源泉であるからだ。つまり、ＣＣＯは、流行やトレンドという表層的な部分に敏感なだけではなく、文化の永続的な深層構造にも通暁している人間でなければならないというのである（McCracken 2009, pp.1-2）。

余談だが、本書のプロジェクトは同書の翻訳企画から始まった。同書にはさまざまな米国の生活文化の事例が取り上げられて興味深いものの、あまりに米国の生活に根ざした内容であるため、日本人読者には腹落ちしない面もあり、「カルチャー」の視点からビジネスを捉えて「市場の空気の読み方」に成功した企業の事例を分析することになったのである。

Ⅵ．カルチャーと企業の関わり

では次に「カルチャー、文化」という言葉が想起されやすい文化人類学での定義を見てみよう。Kluckhohn & Kelly（1945）は、「文化とは後天的・歴史的に形成された、外面的および内面的な生活様式の体系であり、集団の全員または特定のメンバーにより共有されるものである。」と定義している。また、Ralph Linton（1942）は、「文化とは、学習された行動の集合であり、その構成要素がある社会のメンバーによって共有され伝承された結果である。（Usunier and Lee 2009, p.4）」とする。また、Goodenough（1971）は、より広範なものとして次のように定義している。「文化とは、複数の個人によって共有される信念または規範の集まりである。文化のおかげで人々は、物事は何であり、どうあるべきで、どう感じるべきか、自分が何をすべきか、どう付き合っていけばよいのかを決めることができる。（Usunier and Lee 2009, p.4）」

これらの先行研究で規定されている定義からは、重要な観点が読み取れる。まず、文化は人々の間で共有される信念であると同時に行動・生活様式を規定するものであり、その結果として、その人々は同じ物事の感じ方を共有する点で消費を左右しうる要素として重要な位置を占めていると考えられる。さらに、Goodenough（1971）は、「個人は別な集団との相互作用を通じて、異なる文化を共有することがある。（Usunier and Lee 2009, p.4）」という定義も加えている。この特定のカルチャーが伝播・普及していく過程は、特定のカルチャー≒生活様式の中で選好される特定の商品・サービスが伝播していく要因の一つと考えられはしまいか。

一方、マーケティング分野でも類似の見解が示されている。池上和男（１９６９）は、「人間の大半の欲求は文化によって作られるものであるので、文化のマーケティングに及ぼす影響とも云いうる。（池上　1969、88頁）」と明記している。同様に、村田昭治（1968）も、文化を「消費者行動を予測する（村田　1968、30頁）」手段として位置付けている。ここでは、生活者の欲求＝消費を左右する要素としてカルチャーが明確に位置付けられている。特定の時代、社会における人々のカルチャーを把握することができれば、どのような商品・サービスが消費されうるのかが予測でき、自社の商品・サービスのヒットにつなげることもできるかもしれない。

消費者行動の分野でもカルチャー、文化の研究がなされており、その重要性が語られる一方で、扱いの難しさにも言及している。Solomon（2013）は、次のようにカルチャーの重要性を商品・サービスといったレベルでも述べている。「文化（カルチャー）は社会のパーソナリティである。そこには価値観や倫理観といった抽象的な概念も含まれれば、自動車や洋服、食べ物、芸術、スポーツなど、社会が生み出すモノやサービスも含まれる。（Solomon 2013, p.710）」その一方で、文化を把握することの困難も指摘していた。「文化的背景を考慮にいれない限り、消費を理解することはできない。文化は人々が製品を見る際の『レンズ』となる。皮肉なことに、文化が消費者行動に及ぼす影響は極めて大きく、かつ広範囲にわたるため、その重要性を把握することが困難な場合がある。（Solomon 2013, p.710）」

McCracken（2011）も、カルチャーは本質的に企業の外側にある概念として指摘している。「消費者の生活を構成する思考、感情、行動の根源であり、企業の外部に存在する概念である。（McCracken 2009, pp.1-2）」自社の商品・サービスを生活者が買ってくれることは企業にとって当然重要でありながらその購買を左右する一つの要因であるカルチャーを把握することは企業にとって難しい、という企業活動としての取り組みの困難さがうかがえる。

Ⅶ．企業もカルチャーを活用できる

企業にとって、自社の商品・サービスの成功を望むうえで、このカルチャーという概念を取り込むことはできないのだろうか？　我々は、一見捉えどころのないカルチャーを企業が再現性のある形で取り入れることができる、と考えている。

間々田孝夫（2011）は、カルチャーを企業がうまく活用したケースとして「ロハス」を取り上げている。「日本で2000年代中葉に注目を集めた『ロハス』（LOHAS）は、スローフードと同じく、美味しい、美しい、楽しいといった精神的価値を追求しつつ、環境と健康に配慮した消費を目指したものであり、現在はこの言葉が用いられることは少なくなったが、さまざまな農産物、工業製品、サービスに共通した、一つの商品コンセプトとして定着した感がある。ロハス的な動きは、フェアトレード、リノベーション、リユース、DIY、ロングライフ商品、ベジタリアン、伝統的生活様式の見直し（和風文化など）、スローファッション、ピープルデザイン、フリーマーケットなど、様々な方向に分岐しつつ、ますます広がっている。（間々田　2011、31頁）」

「ロハス」という言葉を聞くと思い浮かべる共通のイメージがあるのではないだろうか。飾らず、無理をせず、無駄をなくし、しかも充実した暮らしを送っている人々のイメージだ。ファッションにも、食品にも、遊びに行く場所なども含めて、日常的な選択に何か共通の判断軸があるかのようなイメージ。こうした「ロハス」という概念を受け入れている人々と、その暮らし、背景にあるであろう共通の価値観のおぼろげなイメージ、これが「ロハス」という言葉から想起しうるカルチャーではないだろうか。特筆すべきは、この「ロハス」というカルチャーに親和性がある人々の暮らしを構成する商品・サービス群があり、それらを企業が提供できている、すなわち「ロハス」というカルチャーを企業活動として取り入れられていることだろう。すでにアカデミックな世界では指摘されているような、社外にあるカルチャーを企業が取り入れることの困難を乗り越える方法があるのではないだろうか。

具体的な企業で考えてみよう。たとえば、ロクシタン。南フランスのプロヴァンスを出自とする自然派化粧品ブランドだ。日本でも、百貨店や路面店など色々な場所に出店している。さまざまな化粧品ブランドがひしめいている中で、敢えて自然派化粧品のロクシタンを選ぶという人々は、どのような人々だろうか？　美容といえば、化学的な成分であっても、とにかく結果が明確に出てキレイになりたい、という人もいるが、そうした人はロクシタンを選ばないだろう。自然由来の成分の化粧品を重視するだけでなく、その背景にある南仏プロヴァンスの伝統的なライフスタイルも含めたスローライフな暮らしに惹かれている人のほうがイメージしやすい。分かりやすい言葉でいえば、まさに「オーガニック」というカルチャーを好む人々だろう。単なる自然素材製品というだけでなく、暮らし方・誠実なモノづくりなど、そのロクシタンが醸し出すカルチャーに共感していることがうかがえる。

こうしたオーガニックとは全く違ったカルチャーの活用例も考えられる。ハーレーダビッドソンだ。イメージされる「ハーレー」ブランドを愛する人々は、ロクシタンを愛する人々とは当然違う。典型的な「ハーレー」を代表する人々として思い浮かべやすいのは、サングラスを掛け、皮のジャンパーを着て愛車のハーレーに跨って疾走する、男らしい人々ではないだろうか。まさに、ハーレーダビッドソンが象徴的に用いられた映画『イージー・ライダー』で描かれている規定の社会秩序からの逸脱を謳歌する自由な人間だ。彼らが大事にするのは、社会の決まりごとからの自由さであり、その象徴として単なる移動手段としてのバイク以上の存在としてハーレーダビッドソンが位置付けられるのではないだろうか。今日では「ハーレー」オーナーはさらに広がり、そこには、自由さを追い求める価値観・ライフスタイルとしてのカルチャーの存在を感じることができる。

日本の企業でもカルチャーを活用している事例があるのではないか。無印良品を展開する良品計画だ。一貫して、シンプルでありながら使いやすい雑貨、服飾、食品などライフスタイル全般の製品群を扱っているブランドだ。ただ、その創業の背景には単なる営利以上のカルチャーが感じられる。「無印」という言葉が象徴するように、本来は品質や実質的な価値を伴わなかった往年のブランド品へのアンチテーゼとして、世の中の人々に見いだされていない価値を見いだし、生活者に提示し、何が価値があり、何が価値が無いのかを各自が目利きできることを促す、「消費者の自立」を意図していた。そこには、簡素に見える商品であっても、そこに価値と共に暮らしの豊かさを見いだす価値観を重視するカルチャーがあるのではないか。

カルチャーと企業活動とが密接に関係している企業を３つ簡単に紹介したが、これらの企業においては「カルチャー」との関係が、生活者から選ばれるうえで重要な要素であることが感じられたであろうか。もし、ハーレーダビッドソンが、普及品として原付バイクを上市したら、どうだろうか？　きっと、「ハーレー」らしくない、という声が上がるであろうし、これまで「ハーレー」を愛してきた人々も一気に離れるであろう。消費者行動とカルチャーは表裏一体の関係であり、企業、商品・サービスが受け入れられるための前提なのだ。

Solomon（2013）も、このような消費とカルチャーの関係を次のように述べている。「消費者行動と文化は互いに影響し合っている。消費者は、その時代の文化を反映する製品やサービスを受け入れる。その一方で、消費者に受け入れられている製品を理解すれば、その時代を支配する文化が理想とするものを知ることになるだろう。（Solomon 2013, p.711）」

もちろん、すべての企業にとってカルチャーが事業成功の必要要素だ、とはいえないであろう。組織的な比較購買が重要なＢｔｏＢ企業では、こうしたカルチャーの重要性は低下するであろう。生活者の消費行動を左右する、という観点からは、やはりＢｔｏＣ企業において有用性がうかがえる概念であると考えている。

ただ、これらのカルチャーを活用して成功した企業には、その恩恵がありそうだ。いずれの企業も長期間にわたり、持続的成長を遂げている点が共通している。後の各章にて、どのようにカルチャーを活用してきたのかを詳細に分析しているが、カルチャーを企業活動に取り入れることでどのようなメリットがあるのか考察したい。

Ⅷ．企業がカルチャーを取り入れる３つのメリット

企業がカルチャーを取り入れた活動を展開すると、何がメリットなのだろうか？　カルチャーの定義自体にそのヒントがあると考えられる。

まず、カルチャーが一定規模の人々に受け入れられている価値観・生活様式であることを踏まえると、そこにはすでに潜在顧客とも呼べる生活者が存在しているとも考えられる。もちろん、そのカルチャーに即した商品・サービスであることが大前提であるが、一たび受け入れられれば、「顧客基盤が事業立ち上げ当初から見込みやすい」という点が1つ目のメリットではないだろうか。

また、カルチャーは、特定の時代、社会に受け入れられている価値観・生活様式であるがゆえに、一時期の流行り廃りに流されるものではなく、カルチャーに即していることで長期的に生活者に支持される可能性がある。2つ目のメリットは「事業成長の持続性が見込める」という点だ。

さらに、マーケティング投資の観点でも、カルチャーの有用性が考えられる。通常、自社の商品・サービスを生活者に浸透させようとすれば、多大な費用を掛けて広告やPRなどのマーケティング活動を展開して、なぜこの商品・サービスが必要なのかを伝えて、普及させる必要がある。一方、商品・サービスが特定のカルチャーに即している場合、すでに生活者が受け入れている価値観・生活様式に取り入れやすい。商品・サービスの必要性について理解してもらうハードルが下がるため、広告やPRへの費用が、より安価に済ませられる可能性がある。例として、ロクシタンやハーレーダビッドソン、無印良品などのTVCMを見ることは少ないのではないだろうか？　実際に、各社ともTVCMを展開することはほとんどないが、にもかかわらず生活者に普及している。「マーケティング投資のレバレッジができる」、これが3つ目のメリットだと考えられる。

カルチャーを企業活動において活用することのメリットは大きい、ということを前提としつつ、「一定の視座・フレームワークに即して、カルチャーを活用した戦略・事業活動を策定することで、他の企業においても再現できる」ということが本書の提言である。

本書では、次章にて企業が活用しうる「カルチャー」の種類や再現性のために必要なフレームワークについて考察する。その後、1章ごとに、ロクシタン、ハーレーダビッドソン、無印良品、らでぃっしゅぼーや、ビームスなど、カルチャーを活用して事業を成功させた企業について、フレームワークに即して事例分析を行う。最後の章では、自社でカルチャーを活用する際に必要となるポイントについて考察する。

【参考文献】

Arnould, Eric J., and Craig J. Thompson (2005) "Consumer culture theory (CCT): Twenty years of research," *Journal of Consumer Research*, Vol.31(4), pp.868-882.

Goodenough, W. (1971), "Culture, Language and Society." Reading, Mass.: Addison-Wesley Modular Publications, No.7.

Hirschman, Elizabeth C. and Morris B. Holbrook (1982) "Hedonic consumption: Emerging concepts, methods and propositions," *Journal of Marketing*, Vol.46 (Summer), pp.92-101.

Holbrook, Morris B. (1987) "Progress and problems in research on consumer esthetics," *Artists and cultural consumers*, Akron, Douglas V. Shaw, William S. Hendon and C. Richard Waits (eds.), OH: Association for Cultural Economics, pp.133-146.

Holbrook, Morris B. and Elizabeth C. Hirschman (1982) "The Experiential aspects of consumption: Consumer fantasies, feelings, and fun," *Journal of Consumer Research*, Vol.9 (Sep), pp.132-140.

Kassarjian, Harold H. (1980) "Consumer esthetics: A Commentary," *Advances in Consumer Research*, Jerry C. Olson (ed.), Ann Arbor, MI: Association for Consumer Research, Vol.7, pp.127-128.

Kluckhohn, Clyde and Kelly, Williams H. (1945) "The Concept of Culture." The Science of Man in the World Crisis, edited by Ralph Linton, New York: Colombia University Press, pp.78-106.

Linton,R. (1942) "Age and Sex Categories." *American Sociological Review* Volume 7: pp.589-603.

McCracken, Grant (1981) "Culture and consumption: A Theoretical account of the structure and movement of the cultural meaning of consumer goods" *Journal of Consumer Research*, Vol.13 (Jun), pp.71-84.

McCracken, Grant (1987) "The History of Consumption: A Literature Review and Consumer Guide," *Journal of Consumer Policy*, Vol.10, pp.139-166.

McCracken, Grant (1988) *Culture and consumption: New approaches to the symbolic character of consumer goods and activities*, Bloomington, IN: Indiana University Press（小池和子訳『文化と消費とシンボルと』勁草書房、１９９０年）.

McCracken, Grant (2009) *Chief Culture Officer*, New York, NY: Basic Books.

Schouten, John W. and James H. McAlexander (1995) "Subcultures of Consumption: An Ethnography of the New Bikers," *Journal of Consumer Research*, Vol.95 (22), pp.43-61.
Schouten, John W. and James H. McAlexander (2012) "The evolution of a subculture of consumption," In *Consumer tribes*, New York, NY: Routledge, pp.82-90.
Sherry, Jr., John F. and Eileen Fischer (2017) *Contemporary Consumer Culture Theory*, New York, NY: Routledge.
Solomon, Michael R. (2013) *Consumer behavior: Buying, having, and being.* (10th) Engelwood Cliffs, NJ: Prentice Hall.（松井剛監訳『ソロモン消費者行動論［下］』丸善、２０１５年）
Usunier, Jean-Claude and Julie Anne Lee (2009), *Marketing Across Cultures*, 5th ed. Pearson Education.（小川孔輔、本間大一監訳『異文化適応のマーケティング』ピアソン桐原、２０１１年）
池上和男（１９６９）「マーケティングと文化に関する一考察—とくに消費者の価値意識を中心として」『立正経営論集』ＶＯＬ(4)、73－92頁
川又啓子（２００２）「エステティックス・マーケティング：現状と課題」『慶應経営論集』、ＶＯＬ19(2)、67－80頁
祖父江孝男（１９９０）『文化人類学入門』中公新書
松井剛（２０１０）「書評：Consumer Culture Theory」『消費者行動研究』ＶＯＬ17(1)、111－120頁
間々田孝夫（２０１１）「第三の消費文化」の概念とその意義『応用社会学研究』ＶＯＬ53、21－33頁
三浦俊彦（１９９８）「日本の消費者はタフな消費者か？：消費者行動の国際比較研究へ向けての一試論」『消費者行動研究』日本消費者行動研究学会、ＶＯＬ５(2)、59－76頁
三浦俊彦（２０１３）『日本の消費者はなぜタフなのか』有斐閣
村田昭治（１９６８）「マーケティング・サイエンス構築のプロセス小論—マーケティングと文化人類学の交渉」『ビジネスレビュー』ＶＯＬ16(1)、17－30頁

川又啓子　西村啓太

第2章

カルチャーのつかみ方

Ⅰ．カルチャーをつかむうえでの2つの困難

第1章で述べたように、企業活動において「再現性のあるやり方」でカルチャーを活用することで、企業成長にメリットがあることを検証することが本書の目的である。これまでも、「カルチャー、文化」がビジネスに影響を与える重要な要素であるという研究はなされている。しかし、その「カルチャーの活用方法」について踏み込んで、言及することはあまり無いようだ。企業活動におけるカルチャー活用の研究が、具体的な活用方法に踏み込みづらい原因として、2つの難しさが考えられる。

まず1つ目の難しさが、「カルチャーの方向性／種類の特定」である。一口に「カルチャー」といっても、トレンドとして一般に知られているものだけでも、さまざまな種類がある。ポップカルチャー、サブカルチャー、カウンターカルチャー、ハイカルチャー、ヒップホップカルチャー、ストリートカルチャー、サーフカルチャー、ロハス、オーガニック、エシカル、サードウェーブ、概念の抽象度、種類の広がり、その概念の方向性もさまざまな種類が膨大に存在する。ただ、いずれのカルチャーも、特定の価値観や生活様式を持つ人々を規定していることは確かだ。このバラバラなカルチャーを目の前に、企業が活用する対象として、いずれかのカルチャーを選べ、といわれても、どのカルチャーがよいのか判断に困るだろう。我々は、この多様なカルチャーの方向性／種類から、企業が選び取るべきものを規定したいと考えている。企業が活用するからには、活用しやすいような基準が必要だ。基準としては、グローバルで共通して普及しており、かつ一時期の流行で終わらず長期間にわたって持続しうる普遍的な内容として、企業が活用可能なカルチャーを規定することを目指す。本章では、普遍的かつ長期にわたって、生活者の価値観・生活様式に影響を与えるカルチャーを先行研究から明らかにする。また、当然ながら諸外国で普遍的であるだけでなく、日本においても長期にわたって普遍的に存在するカルチャーであることも検証する。本章で規定するカルチャーは、普遍性・持続性を重視するため、抽象度は高くなることが不可避であろう。ただ、個別・具体的なカルチャーを包摂した内容とすることで、直近

で具体的にカルチャーの活用を検討したい場合にも貢献できることを意図している。

2つ目の難しさは、どうやってカルチャーを具体的に取り入れた企業活動を展開すればよいのか、その方法論であろう。カルチャーは、世の中に漂っている目に見えない潮流だ。社外に漂う捉えどころのないカルチャーを企業が取り入れる様は、「つかむ」という主体性が明確な言葉を当てはめることが適切ではないだろうか。企業はさまざまな活動を展開する。企業自体の理念の策定、企業や事業の顧客に提供する価値の規定、自社の商品・サービスの企画・開発、広告宣伝、店舗展開、営業戦略、コミュニティなど顧客との関係性維持施策、などさまざまな活動がある。このような多様に広がる企業活動の中で、カルチャーをどのように活用すればよいのだろうか？　本書では、5つの企業の事例分析を通じて、カルチャーを活用したいと考える企業にとって、再現可能な「カルチャーのつかみ方」の指針となるフレームワークを提示する。このフレームワークは、次章以降での各企業の事例分析で共通して見られた要素から構成されている。次章以降の事例分析の導入として、本章でフレームワークを説明していこう。

汎用性高くカルチャーをつかむための方法論を整備する前には、前述した2つの難しさが立ちはだかる。しかし、一方でいくつもの企業が、カルチャーをつかむことに成功し、事業を持続的に成長させていることも事実だ。そこに、再現性のある方法論を求めて、分析を進めたいと思う。

Ⅱ．カルチャーを決定付ける2つの潮流：「物質主義⇕脱物質主義」「権威主義⇕自由主義」

まずは、1つ目の難しさに対して解を模索していこう。企業が活用可能なカルチャーの定義だ。グローバルで、長期間にわたって持続している普遍的なカルチャーの潮流を探索しよう。

カルチャーの潮流を把握するうえで、何から始めればよいだろうか。我々が、長期にわたる大きな価値観のシフト＝カルチャーシフトの潮流のただ中にいることを確認することから始めたいと思う。世界各国で大規模かつ時系列に価値観に関する調査を行い、大きな価値観のシフトがあることを見いだした研究者がいる。ミシガン大学のR・イングルハート教授だ。彼の欧米先進資本主義国での生活者への意識調査研究では、戦後の基本的な価値観の変化として「物質主義」から「脱物質主義」があるという結論に達した。

彼はさらに「世界価値観調査（World Value Survey）」という大規模な国際比較調査でこの結論の検証を行っている。すでに1981－84年、1990－94年、1995－98年、1999－2004年、2005－2009年、2010－14年の6回の調査が実施されている。これまで世界60か国以上を対象とし、資本主義国、旧社会主義国などさまざまな政治形態、また国民一人当たりの年間所得が300ドルにとどまるような発展途上国から、その100倍以上の先進国までさまざまな経済状況の生活者を対象とした、普遍的な価値観の潮流を把握するうえでこれ以上ない包括的な大規模調査である。

この調査に基づいて検証され、彼によって提唱されている価値観潮流が、「物質主義」から「脱物質主義」である。具体的には、物質主義的価値観を表す6つの項目への回答傾向と、脱物質主義的価値観を表す6つの項目の回答傾向を分析することで、普遍的に物質主義から脱物質主義への価値観潮流の存在を定義づけている（図表2－1）。

これら12の項目は、マズローの欲求序列の存在を前提として工夫されている。下段の6項目は、物価の上昇、経済成長、経済の安定は「生存欲求」を目的とし、秩序の維持、犯罪との闘い、強力な防衛力は「安全欲求」を目的として設定されている。

上段の6項目は、種々の脱物質主義的欲求を探ることを意図している。脱物質主義的欲求は、潜在的には普遍的であると考えられている。つまり人間誰しも尊敬への欲求、本来的に備わる知的好奇心への欲求、美的満足への欲求を持っている。そして、社会環境など外部要因によってこれらの欲求が阻害されない限り、人々はこれらの欲求に基づいて行動することが前提となっている。すなわち人間というものは、美的欲求は多少の差があっても普遍的なものであるが、飢えた者は美的満足よりも食べ物を追い求めるが、食欲が満たされれば多少の差があっても知的・美的なものへと欲求

図表2－1　価値観潮流の構成要素

脱物質主義的価値観（社会的および自己実現的欲求）	知的・美的	✓ 思想が金銭より重視される社会へと前進すること ✓ 言論の自由を守ること ✓ 自分の住んでいる町や田舎をもっと美しくしようとすること
	帰属および評価	✓ 人格を尊重するもっと人間的な社会へと前進すること ✓ 重要な政府の決定にもっと人々の声を反映させること ✓ 職場や地域社会でのものごとの決定にもっと人々の声を反映させること
物質主義的価値観（生理的欲求）	経済的安全	✓ 高度経済成長を維持していくこと ✓ 経済の安定につとめること ✓ 物価の上昇をくいとめること
	身体的安全	✓ 国内の秩序を維持すること ✓ いかなる犯罪とも闘っていくこと ✓ 強力な防衛力を確保すること

出所：Inglehart（1977）

の対象が移り変わるであろう。しかし、第2次世界大戦以降、基本的な生活水準が高まった時代においては、人々の価値観が、物質主義から脱物質主義へと移行する社会的環境が整ってきたといえよう。経済的・身体的安全は、依然として肯定的な価値を付与されている。しかし、それらの相対的優先順位は過去におけるほど高くはないと考えられる。

イングルハートは、これらの価値観の変遷が起こる理由を、社会システムと個人の変化の相互作用の結果に見いだしている。ある社会のできごとから出発し、そのできごとが人々の考え方に及ぼすインパクトに目を向け、最後に、このような個人内部のできごとが逆に社会に与える、という順序である。

次頁の図表2－2では、イングルハートの考察による社会システムと個人の価値観・技能変化の相互作用を表している。

ここでは、物質的充足に伴う価値観だけでなく、技能（情報の扱い方と判断力の増大）という2つの変化が個人に起こると考えられている。この価値観と技能の変化が相互に影響することで、社会システムの変化につながる。大きな変化としては、既成の権威・エリート・社会統治機構に対する大衆からの正統性・信頼の低下が結果として起こり、自らの意見・参加をより求める「エリート挑戦的」な意識・姿勢が生まれる、という考察がなされている。

こうした文化と社会の変化は、なぜ起こるのだろうか？　一般的には、経済、科学技術、政治の変化に人々が適応するために、文化の変化が起こってくる。文化は、社会経済、政治、科学技術などの環境変化に応じて変わっていくが、

図表2－2　社会システムと個人の価値観・技能変化の相互作用

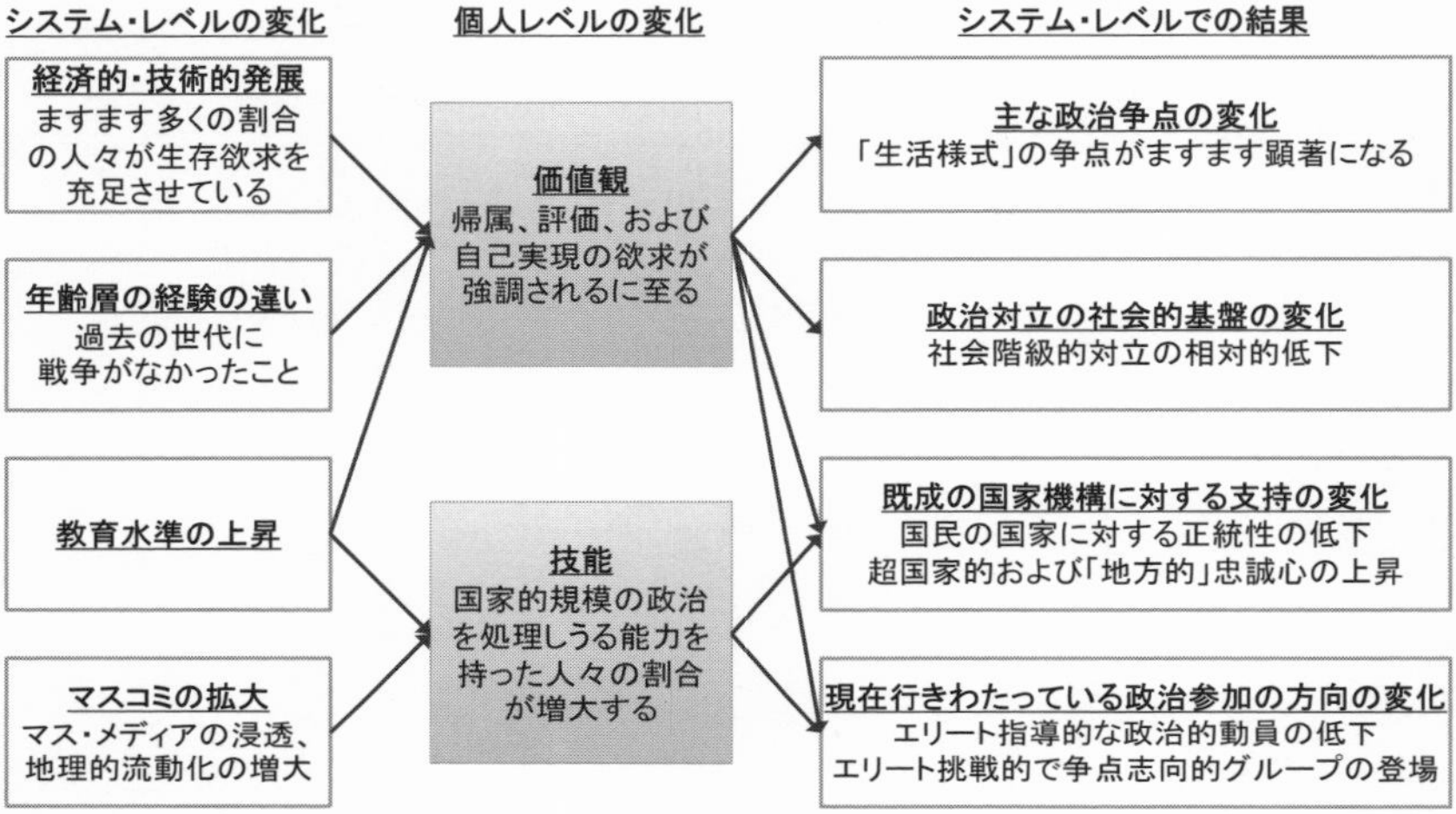

出所：Inglehart（1977）

逆に文化も環境を形づくる。この文化変動は、今となっては経済成長が社会の主要な目標とされなくなる方向へ、そして経済的な尺度が合理的行動の絶対判断基準とはなりにくい方向へと向かっている。

ただし、脱物質主義という概念自体には、目新しさはないだろう。しかし、新しいと考えられるのは、脱物質主義者の量である。第2次世界大戦後に生まれた最年少層の間では、脱物質主義者は物質主義者とほぼ同数である。つまり脱物質主義者が、一世代全体の間で、数のうえで優勢になりつつあることに意義がある。

この脱物質主義の浸透は緩やかに進む。それは、各世代が異なる人格形成期の経験を過ごすことで起こる。伝統的な価値や規範は、より年長の世代に広範囲に残っており、その一方で、より若い人々の間には新しい態度がますます浸透している。新しい世代が、成人人口の中で古い世代に徐々にとって代わるにつれて、その社会で一般的に見られる世界観が変容していく。

このイングルハートが提唱する物質主義から脱物質主義への価値観潮流は、広範に受容されている概念だ。一方、この価値観潮流だけがすべてだろうか？　フロリダ州立大学のスコット・フラナガン教授は、イングルハートを補完する新たな潮流

図表2－3　価値観潮流の対立軸

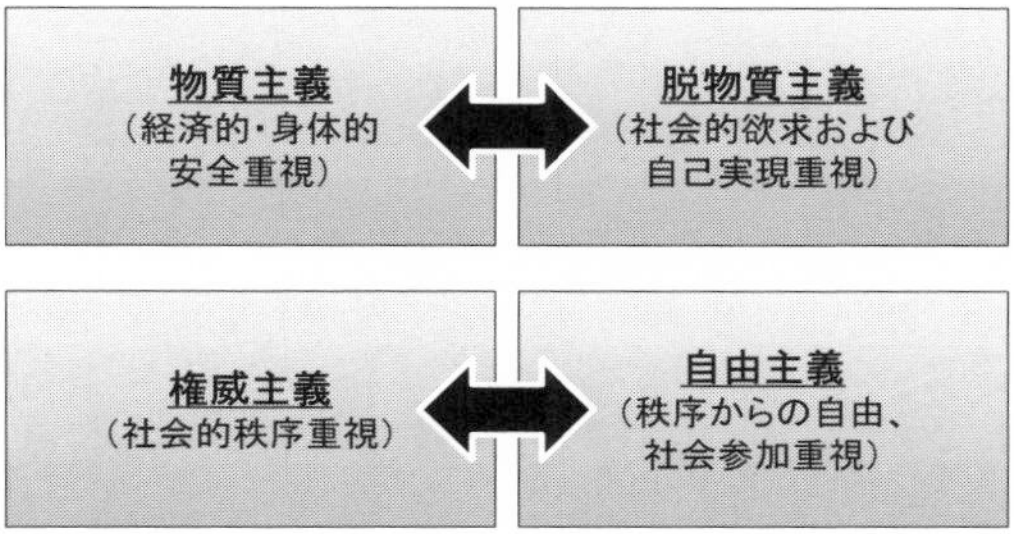

出所：著者作成

を提起している。フラナガンは、特に日本人の投票行動の分析を通じて、価値観の特性を明らかにした。日本での研究を通じて、「物質主義と脱物質主義」という次元のほかにも、別の次元がありうる可能性を指摘している。イングルハートの調査項目の中には、「言論の自由を守ること」や「重要な政府の決定にもっと人々の声を反映させること」「職場や地域社会でのものごとの決定にもっと人々の声を反映させること」など、物質・経済以外に関する価値観の項目も存在する。これらは、社会への関わり方に関する項目といえよう。そこには、「自由や参加」を求める価値観と「秩序」を求める価値観という対立する次元がある。フラナガンはこれを新たな価値観潮流として、「自由主義と権威主義」と名付けている。この価値観潮流は、イングルハート自身の考察の中でも、概念としては内包されている。社会システムと個人の価値観・技能変化の相互作用を表す図表2－2の中で、すでに既成の権威・エリートの存在と、一方で、これら権威・エリートに対する信頼低下とそれに伴う、より自由に活動し、自らの参加を求める「エリート挑戦的」な意識の萌芽が指摘されている。

　これら2つの価値観潮流は、それぞれが独立したものではなく、相互に影響しあい、個々人の中に並存しうる価値観であろう。社会・経済の発展に伴って現れてきた、上記図表2－3の右側の「脱物質主義」「自由主義」という価値観が世代移行を通じて、社会に浸透していっているという大きな、しかし静かな変革の中に我々は存在しているといえそうだ。

Ⅲ．さまざまなカルチャーの原点：「Back to Nature」「Power to the People」

歴史を振り返ると、この価値観潮流がより捉えやすくなるだろう。第2次世界大戦前は、欧米諸国も日本もまだ貧しかったが、戦後状況は一変した。アメリカにおいて大衆消費社会が出現したのである（三浦 1992）。日本も含め世界に対して、消費によって人々の暮らしが豊かになる社会像を提示した、という点においてそのインパクトは大きい。アメリカは、あくまで大衆中心の消費社会であった。大量生産・大量販売・大量消費に基づく大衆消費社会では、経済は長期にわたって拡大し続けることができ、人々は所得を増やして欲しい財貨・サービスを所有、消費することができた。人々が豊かになっていく過程に合わせ、ラジオ、テレビ、新聞、雑誌、映画というマス・メディアの発達が、人々のものの見方、考え方に影響を与えた。誰しもが手に入りうる豊かな生活＝アメリカンドリームに憧れたのである。やがて都市に収まらなくなった人々は、画一的な郊外の一戸建てに移り住んでいった。高速道路と自家用車と大きなスーパーマーケットがセットになった郊外型生活の中で、アメリカン・ウェイ・オブ・ライフの形成がなされていった。広く一般大衆にとって贅沢が可能となった大衆消費社会が実現した。アメリカの批評家トマス・ハインは、アメリカのこの時代、特に朝鮮戦争が終わってからベトナム戦争が本格化するまでの1954年から1964年までを「ポピュラー」と「デラックス」をつなぎ合わせた「ポピュラックス」の時代と名付けている。

こうした消費を中心とした暮らし・社会のあり方に、反省が加えられ出したのは、1960年代からである。ベトナム戦争への反対運動をきっかけにヒッピーと呼ばれる若者たちが登場した。戦争・徴兵への反対、平和と愛の訴えだけでなく、そのムーブメントは、社会のありようへの反対へとつながっていった。物質的な豊かさの追求から、自然への回帰を謳い「Back to Nature」を標榜するに至ったのである。コミューンという共同体を通じ、消費社会の工業製品に頼った豊かさではなく、ツリーハウスから家庭菜園など自給自足に近い生活を目指した。よりシンプルな生活の中で、物質の過多によらない豊かさとは何か、人間らしい暮らしとは何か、を追求していったのである。そこでは、東洋思想

図表2－4　価値観潮流と対応したカルチャー群

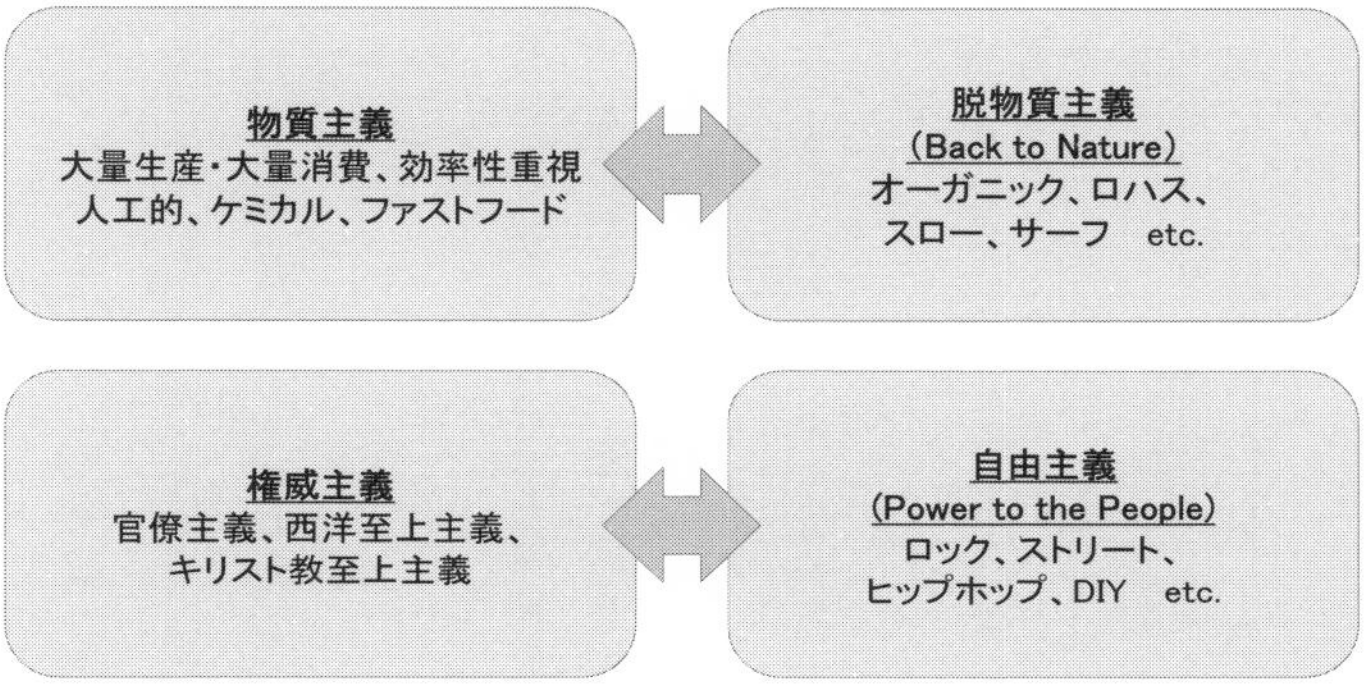

出所：著者作成

への傾倒や音楽・ファッションなど、脱物質主義に包含される知的・美的な欲求が重視されていた。一方、ヒッピー・ムーブメントを通じて自然回帰／脱物質主義の価値観が若年層を中心に普及すると同時に、もう1つの潮流の存在がうかがえる。それは、戦争を推進する既成の権威、世の中への反対、自由を求める価値観である。それは、戦争反対だけでなく、戦後アメリカの物質主義や中産階級の道徳観・規律など、いわゆるウェイ・オブ・アメリカへの反対に発展していった。音楽もビートルズに代表されるロックミュージックが爆発的にヒット。ジョン・レノンが革命をテーマに創作した曲「Power to the People」は、このムーブメントを象徴しているといえるだろう。ファッションも、エスニック風、ボヘミアン風など、既成のファッションとは異なるトレンドが生まれた。薬物の使用やフリーセックスなど、伝統・権威からの自由が強調された。同時に、伝統的なキリスト教的価値観も否定され、東洋思想がカウンターカルチャーとしてもてはやされ、価値観・生活様式まで含め、全く新しいカルチャーが生まれた。これこそ「自由主義」という価値観の浸透だろう。

　1960年代後半から生まれたヒッピーという社会現象は、1970年代半ばには衰退していった。しかし、この時期に発現した新たな価値観は、「物質主義⇔脱物質主義」「権威主義⇔自由主義」という2つの次元の価値観の対立構造を生み出し、現在まで人々の価値観・生活様式に影響を与え、さまざまなカルチャーの底流となっている。イングルハートの世界価値観調査によって現代まで検証され続けているように、価値観の変遷のターニングポイントだったといえるだろう。脱物質主義は、その自然回帰、シンプルさ、人間らしさを重視する点においてオーガニックカルチャー、ロハスカルチャー、スローカルチャー、サーフカルチャーなどを内包し、自由主義は、反体制、自由の追求、また東洋やアフリカなど西洋以外の思想・価値観を受容するという点において、ロックカルチャー、ストリートカルチャー、ヒップホップカルチャー、DIYカルチャーなどを内包する。「脱物質主義」と「自由主義」という長期間にわたる価値観潮流が底流にあることで、時代によって表出する個別具体的なカルチャーが異なろうとも、これら2つの潮流をつかむことができれば、企業がどのカルチャーを活用するかに悩んだ際にも全く的外れになることはないといえるだろう。

Ⅳ．日本での検証：国を越えて普遍的なカルチャー

この「脱物質主義」と「自由主義」という2つの価値観潮流は、日本においても存在するのであろうか。今回、35年間にわたる時系列での定量調査結果を分析し、検証した。活用したのはJNNデータバンクによる全国消費者調査だ。同調査は、TBSテレビを中心とする全国28局のJNNネットワーク調査網による調査であり、1971年以来、40年以上の実績を持ち、民間では最長、最大規模を誇る。毎年11月に全国13才~69才の一般男女7，400サンプルに対して調査（1999年調査まで年2回、各3，500サンプルにて実査）しており、データの信頼性は高い。

この調査の中に、回答者が考える「これからの世の中の傾向」として当てはまるものを選択する設問がある。すなわち「これからの日本社会は、このような傾向があるのではないか」という社会の方向性を表している。もちろん、回答者の価値観や考え方に依拠した主観的な判断ではあるが、多くの回答者の反応値を把握することで、日本ではどのような価値観が重視されてきているのか、時系列で傾向を把握したい。

時系列で分析するにあたって、脱物質主義・自由主義それぞれの考え方を代表する項目を2つずつ選んで行った。

今回、脱物質主義を代表する項目は、生活をシンプルにし、自然回帰を重視する意識を表す次の2つの項目で分析した。

●めまぐるしい流行変化や多品種化を無駄なことだと思う、生活簡素化の傾向
●自然に親しみ、天然・自然のものを大事にする傾向

一方、自由主義に関しては、自由に自分の意見を言う傾向、またヒッピーが東洋思想を受け入れたように、外国文化への受容性を重視する意識を表す次の2つの項目で分析している。

●他人に影響されず、自分の好みや考え方をはっきりと示す傾向
●外国文化、海外の流行、国際社会での活躍などに憧れる傾向

毎年、同調査の全回答者を日本人の傾向を代表する縮図と考え、各項目の反応値を図のように時系列でグラフ化した（図表2－5）。データの結果としては、設問を設定した1981年以降ほぼ横ばいの傾向を示している。外国文化への受容性の項目のみ反応値が30％前後ながら、この項目もほぼ横ばいで推移している。データの読み取り方としては、脱物質主義や自由主義といった価値観が圧倒的に優勢である、というより物質主義・権威主義的価値観と入り混じりつつも、日本人の底流にある価値観として根付いているということではないだろうか。アメリカの60年代～70年代におけるヒッピー登場以降の時代で、かつ日本という国・民族をまたいだ環境での調査でも2つの価値観潮流がうかがえることから、脱物質主義・自由主義の価値観が長期間にわたって普遍的な意識として日本にも定着しつつある、という1つの根拠として捉えていきたい。

イングルハートの提唱した重要な価値観シフトが、改めてこれだけの長期に渡り、かつ国を越えて普及していること

図表2－5　35年時系列分析に見る日本人の底流にある価値観

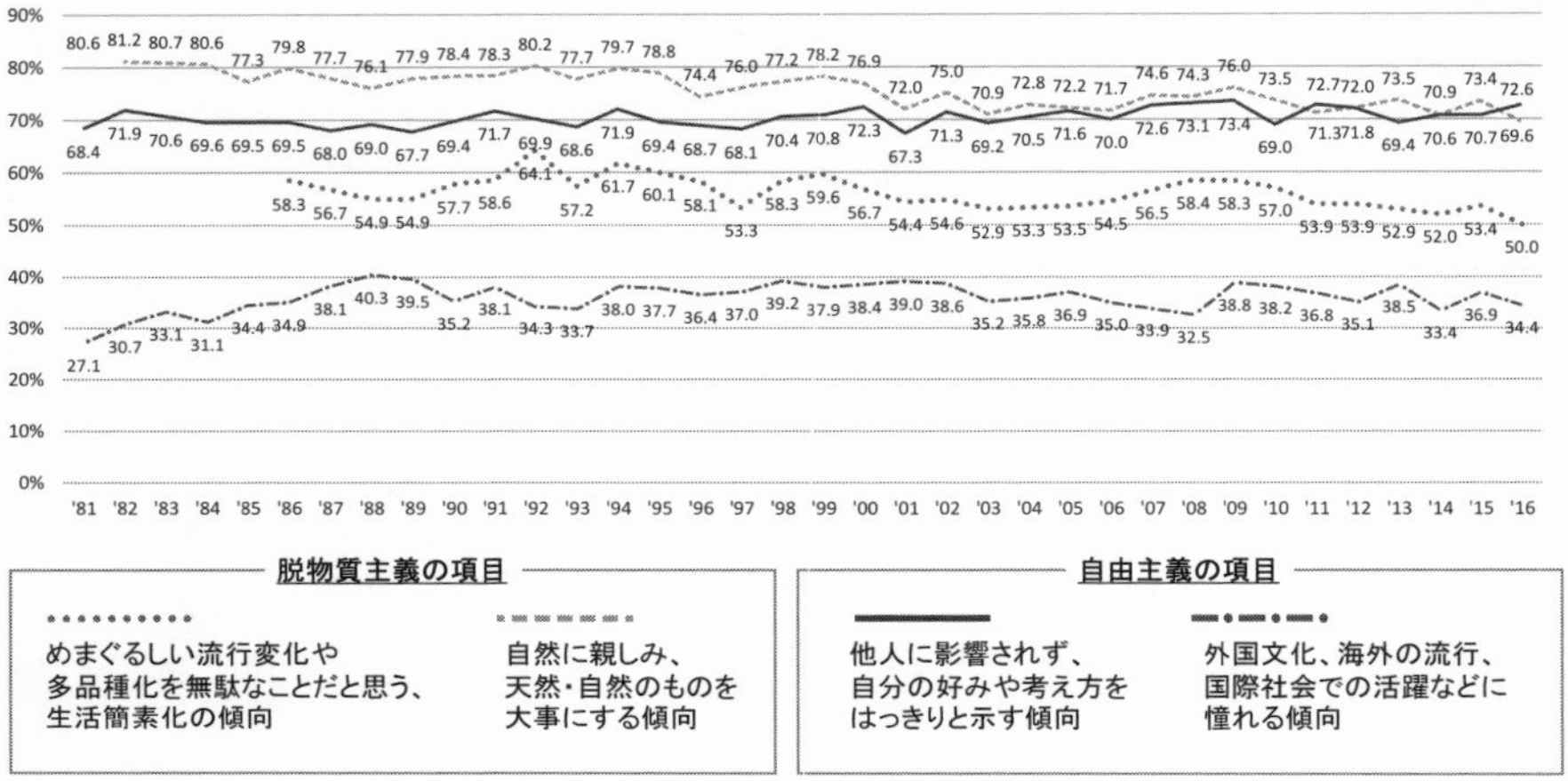

出所：JNN データバンク「全国消費者調査」に基づき、著者作成

の意義を考察したい。企業がカルチャーを活用するにあたって、これだけ支持を得やすいトレンドはないだろう。時代によって、世の中でもてはやされる個別具体的なカルチャーは違えど、これらの価値観に根ざしたものである可能性は高く、それはすなわち市場にこれらの価値観に根ざした商品・サービスを受容しうる潜在顧客が存在する、ということである。新たな商品・サービスを上市する際には、受け入れられるかどうかも分からないものに投資していくリスクを抱える。しかし、カルチャーに即した商品・サービスを展開することで、そのリスクを減らすことができるのだ。新たな商品・サービスを市場つまり生活者に浸透させるためには、通常莫大なマーケティング投資をかける必要がある。しかし、カルチャーを活用することで、生活者にすでに浸透している価値観に寄り添うことができ、より少ないコストで新たな商品・サービスを受け入れてもらえる可能性が高まる。また、この価値観のシフトは、戦後継続して広がり、物質主義⇔脱物質主義、権威主義⇔自由主義という2つの対立軸を確立した大きなトレンドであり、その対立軸の構造は現在も継続している。こうした持続性が高いトレンドに根ざすことで、商品・サービスが支持を得られる期間も、自社単独で普及させる場合に比べ、長続きさせられる可能性がある。

もちろん、単に商品・サービスを開発しただけで即座に企業がカルチャーを活用したことになるわけではないだろう。世の中には、さまざまな企業がカルチャーを活用することで成功している。そのカルチャーを「つかむ」ポイントを分析するフレームワークを次に解説していきたい。

V. カルチャーをつかんだ企業たち：事例分析対象企業

カルチャーを活用することで事業を成功させている企業から、そのカルチャーの活用の仕方＝「つかみ方」を学ぶうえで、そもそもどのような企業から学ぶべきか、事例対象企業を選定することが必要だ。どのような企業が我々の参考となるか、選定基準から考えよう。まず、カルチャーという、生活者の価値観・生活様式に根ざしている特性上、ＢｔｏＣ事業を展開している企業に絞るべきと、第1章にて述べた。また、同章で挙げたように、カルチャーを活用することのメリットを明らかに享受していることが望ましく、その観点からは持続的に売上高を成長させていることも必要要件だろう。また、その持続的な売上成長の裏付けとなる、カルチャーに共感している根強いファンがいることもカルチャーをつかんだ企業に特徴的だと考えられる。さらには、それらのファンを虜にするために、その企業らしいビジョンがあることが想定される。もちろん、その企業ごとのビジョンは、本章で述べた2つの価値観潮流「脱物質主義」「自由主義」のいずれかに根ざしていることが望ましい。そのカルチャーに即したビジョンが、企業活動において一貫して展開されているからこそ、掛け声だけのスローガンや見かけ倒しにならずファンが持続的に支持することが考えられる。

今回、事例分析で取り上げる企業は、ロクシタン、ハーレーダビッドソン、無印良品、らでぃっしゅぼーや、ビームスの5社だ。いずれの企業も上記の選定基準を満たしたうえで、それぞれらしいやり方でカルチャーを活用し、企業活動においてカルチャーを徹底して展開することで、ファンを惹きつけ、持続的に売上を成長させている。各企業のビジョンや企業活動を概観すると、脱物質主義または自由主義のいずれかの価値観に関連したカルチャーを活用していることがうかがえる。

1．ロクシタン

たとえば、ロクシタン。ロクシタンがカルチャーを活用している企業に見える要因としては、やはりその南仏プロヴァンスに根差したライフスタイルの提案にあるだろう。1970年代、アメリカを中心に発展した大量生産・大量消費の社会の在り方は世界中に影響を与えた。欧州もその影響を受け、社会が発展すると同時に従来の伝統的な暮らしや自然を重視した製品は時代遅れになりつつあった。そのような時代の中、1976年にロクシタンは創業した。企業名でもあり、ブランド名でもある「L'OCCITANE」のそもそもの語源は、「フランス南東部地方の女性」を表す「Occitania オクシタニア」という言葉にある。南仏の自然と調和した暮らし自体が、大量消費を前提にした社会において新たな価値となった。ロクシタンは、南仏の暮らしのリズムを「Art de Vivre（暮らしの芸術）」と呼び、企業活動の根幹に据えた。創業者オリビエ・ボーサンが初めて生み出した野生のローズマリーから抽出したエッセンシャルオイルも幼少期に過ごしたプロヴァンスの暮らしにインスピレーションを得ている。翌77年には、プロヴァンスを代表するラベンダーを用いた「ラベンダーシリーズ」を製品化し、現在までロングセラーになっている。プロヴァンスの自然と伝統を敬う姿勢から、主力商品は自然原料・植物原料が一貫して用いられており、また、プロヴァンスの色、香り、大地の美しさは、商品や店舗でも一貫して伝えられている。創業の志から、製品、店舗まで一貫して自然回帰、人間性重視の姿勢を貫いており、そこには「脱物質主義」という価値観潮流との親和性がうかがえる。単なる「オーガニック」というカルチャートレンドではなく、持続的な価値観潮流に根ざしているからこそ、長期にわたり顧客からの支持を得られているといえるだろう。

2．ハーレーダビッドソン

一方、ハーレーダビッドソンはどうだろう。ハーレーダビッドソンの歴史は古く、100年以上前の1903年にアメリカで設立された。現在では、世界各国で愛されるグローバルなオートバイメーカーだが、業績が常に右肩上がりだったわけではない。創業当初は、V型ツインエンジンやベルトドライブ駆動など独自の技術を開発し、1916年にはカンザス州で行われた300マイルレースで、1位から7位までのうち6台のハーレーダビッドソンが入賞する快挙を成し遂げ、バイクをけん引する存在として「ハーレーダビッドソン」が確立された。しかし、1929年の世界恐慌以降は、業績が徐々に低迷し始めた。第2次世界大戦を経て、日本製オートバイが台頭してきた。1961年にはホンダがマン島TTレースで優勝し、ホンダに続きヤマハもアメリカ市場を席巻するようになり、ハーレーダビッドソンの売上は低迷してきた。ハーレーダビッドソンは、高価で性能や操作性において日本製オードバイに劣るとみなされたのだ。1969年には、AMF（アメリカン・マシン・アンド・ファウンドリー）社と業務提携を結ぶ事態に至っている。経済合理性や効率性のみを重視した単なる「移動手段」としてのオートバイが優勢になった時代だ。しかし、こうした効率性を重視した時代背景にもかかわらず、ハーレーダビッドソンは真逆の象徴として生活者からの支持を得た。戦後の経済成長に伴って効率性が重視され、既存社会の秩序が優先されていた1960年代において、ハーレーダビッドソンは単なる移動手段ではなく、「自由な生き方」の象徴になったのだ。1969年に公開された映画『イージー・ライダー』の中で、アウトローな主人公たちがヒッピーと交わりながら目的地に向かう際、彼らの自由な生き方の象徴としてハーレー・ダビッドソンが用いられていた。ハーレーダビッドソンからイメージされる個性的な車体ペイントや異常に長いロングフォーク（前輪を車体につなぐ軸）など、自由な発想で愛車をカスタマイズする「チョッパー」というスタイルで描かれている点も象徴的だろう。ハーレーダビッドソンは、単なる移動手段以上に、既存の社会秩序、効率性ばかりを追い求める生き方へのカウンターカルチャーとしての「自由主義」の象徴でもあるのだ。まさに、戦後の「権威主義」に対抗する「自由主義」の価値観潮流とともに発展していったといえるだろう。こうした大きな価値観潮流に即しているからこそ、単なるオートバイではなく、世界中でハーレーダビッドソンのオーナーがコミュニティを創り、根強く支持し続けているといえるのではないだろうか。

3. 無印良品

今回、日本企業も事例分析の対象としている。「無印良品」を展開する良品計画もその一つだ。無印良品は、その印象的なシンプルなデザインや使い勝手のよい雑貨・インテリアなど幅広く日本人の生活に浸透している。その創業の志は、まさに「脱物質主義」にあるといえる。無印良品は、もともとは西武百貨店を中心にセゾングループを築き上げた堤清二氏が立ち上げたスーパー西友のプライベートブランド（ＰＢ）だった。当時、セゾングループは、池袋駅に西武百貨店を展開し、国内外の最先端の文化を提供する「文化戦略」を軸に事業を拡大していった。西武百貨店では、日本人にとって目新しいラルフ・ローレン、イヴ・サンローラン、アルマーニ、エルメスなど最先端の海外ファッションブランドを日本に最初に導入し、日本人に新しいファッションセンスを植え付けた。また、セゾングループのPARCOでは、三宅一生氏のISSEY MIYAKE、川久保玲氏のCOMME des GARÇONS、山本耀司氏のY's など「ＤＣ（デザイナーズ&キャラクターズ）ブランド」を積極的に展開し、一大ブームを巻き起こした。ファッションだけでなく、音楽や書籍、アート、家具など日本人の暮らしに豊かさをもたらしたといえるだろう。一方、これらの事業を展開した堤清二氏は、独自の悩みもあった。日本人の消費があまりに「記号的」になっているのではないか、という懸念である。自らが良かれと思い日本に浸透させたブランド群が「ロゴが付いていれば、きっと良いものに違いない」「最先端のファッションに違いない」というように、各生活者の主体的なモノの良し悪しの判断力を失わせ、却って生活の質自体が低下しているのではないか、何が豊かさなのかを各人が問う力を養い「消費者の自立」を促すべきなのではないか、という意志が芽生えてきた。堤清二氏は、大企業グループの経営者であると同時に、詩人／小説家としての「辻井喬」という側面も持っている。こうした堤氏の二面性も影響し、「消費者の自立」を促すべく、敢えてブランドを冠さない「無印良品」が生まれたのである。無印良品が展開する商品は、いずれも華美な装飾とは無縁だ。食品であれば不揃い品、ノートも再生紙を使用するなど、世の中で価値があるとされるモノとはかけ離れている。だからこそ、そこに自分自身が価値を見いだすことができる成熟さが求められるのである。戦後の経済成長とともにモノが溢れ、ブームになったブランドを持つこと、価格が高ければ質も良いだろうといった考えは、モノがより多く、より経済的に豊かになることを重視する「物質主義」の延長線上にある弊害といえる。そのアンチテーゼとして自らを位置付けることが、結果として「脱物質主義」の価値観を持つ生活者からの持続的な支持につながっているといえそうである。

4. らでぃっしゅぼーや

有機・低農薬野菜の会員制宅配を主として展開する「らでぃっしゅぼーや」も、同様にカルチャーを活用しているといえる。環境や安全志向の高まりを背景に拡大した有機・低農薬野菜事業は、まさに「オーガニック」のカルチャーに根ざした事業である。もともと、利益だけを追い求める営利企業ではなく、1988年にスタートしたNPO法人「日本リサイクル運動市民の会」が行っていた無・低農薬野菜の会員制宅配事業が原点であった。生命力の強い野菜「ラディッシュ」と、子どもたちを象徴する言葉「ぼーや」を組み合わせた社名に変わってからも宅配事業は変わらず、「パレット」と呼ばれる有機野菜セットを夜間に配達し、留守の場合は指定の場所に置いていくという仕組みで事業を伸ばしていった。らでぃっしゅぼーやがセット野菜と食品全般の宅配システムを作り上げ、有機野菜ビジネスを普及させてきたといえよう。そこには、単なる環境によい事業以上の志がある。もともと、戦後の第2次産業である工業化の恩恵で経済は発展した陰で、第1次産業である農業は自然な農作物のありようを重視する姿勢から、農薬を多用し、生産性を重視する産業へと変わっていった。きゅうりもトマトも、長さが揃い、傷がない工業製品のような野菜がよいとされた。従来の自然のままの姿で、自然な美味しさを追求した有機・低農薬の野菜は「商品」として扱われないのだ。らでぃっしゅぼーや創業当時には、農家が自分の家族に食べさせたい野菜は農薬を減らしており、市場に出回る「商品」には農薬が多用されていた。経済合理性の下で生み出される野菜ではなく、農家の家族が食べるのと同じ「安全・安心でおいしい野菜」を提供すること、その先には「人間らしさ、自然を重視した農業＝第1次産業を復権する」という志があるのである。こうした志に対して農家を中心に賛同を得て、有機・低農薬野菜を安定的に生産できるようになった。

実際、およそ9割のらでぃっしゅぼーやの野菜は農薬の散布回数など細やかな栽培条件を指定し農家に作ってもらい、農家が家族と食べたい野菜を、会員に届けている。らでぃっしゅぼーやが掲げるこの志は、まさに自然回帰、人間回帰という側面で「脱物質主義」と同じ思想だといえるだろう。単なるオーガニックブームという以上に、長期的なカルチャーとしての「脱物質主義」に即していることで、1988年から持続的な成長を実現できているのではないだろうか。

5．ビームス

日本企業の事例にも、「自由主義」のカルチャーに即して成長してきた企業がある。国内外でセレクトショップを展開するビームスだ。創業は1976年で、40年以上にわたって成長を続けている。その事業の根幹にあるのは、現社長を務める設楽洋氏が青年時代に影響を受けた60年代、70年代のアメリカの暮らしだ。この時代のアメリカは、文化が激しく移り変わっていた。60年代は、アメリカ東海岸のアイビーリーグの大学生が楽しんでいたトラッドファッション「アイビー・ルック」が流行し、70年代に入ると伝説的なロックイベント、ウッドストック・フェスティバルをピークとしてヒッピーファッションが流行していた。いずれもアメリカの若者を中心に、既存の権威組織が敷いたルールに従って生きていくことに疑問を持ち、自由な生き方・新しい豊かさを模索する価値観が溢れていた。そのカルチャーは太平洋を越え、日本にも影響を及ぼした。日本の若者もアメリカの若者たちがけん引する自由なカルチャーに憧れ、ファッションを軸にライフスタイルを取り入れる欲求が高まったのだ。こうした時代背景の中、1976年にビームスが生まれた。当初は6・5坪の小さな店舗を原宿に構えた。店舗名は「AMERICAN LIFE SHOP BEAMS」で、「アメリカのライフスタイルを売るお店」としてスタートした。単なる洋服ではなく、生活に関するあらゆるモノを扱い、そのモノを通じてライフスタイルを売り続けている。トレンドは移り変わっていき、アメリカ西海岸・東海岸だけでなくヨーロッパのライフスタイルも取り入れて変化し続けているが、世の中に普及し当たり前になっているライフスタイルにおもねるのではなく、常に新しいライフスタイルを取り入れ、生み出していく姿勢は一貫しているといえる。この姿勢ゆえに、各

図表2－6　価値観潮流と各事例の対応

	ロクシタン	ハーレー・ダビットソン	無印良品	らでぃっしゅぼーや	ビームス
脱物質主義（Back to Nature）オーガニック、ロハス、スロー、サーフ　etc.	●		●	●	
自由主義（Power to the People）ロック、ストリート、ヒップホップ、DIY　etc.		●			●

出所：著者作成

時代時代の既存のライフスタイルに違和感を覚える若者たちが、ビームスに惹かれ続けてきたのではないだろうか。

ここまでに概要を紹介した5社が事例分析の対象となる。上記の図表2－6のように「脱物質主義」「自由主義」といった大きなカルチャーの潮流に各社ともに関わっていると考えている。

大よそのカルチャーとの関わりについては概観したが、もちろんカルチャーを活用するためには、もっと具体的な事業活動に即して細やかに活用の仕方を分析していく必要がある。次章からは、前記5社について章別に事例分析を行っていく。本章の最後として、分析に用いるフレームワークを紹介したいと思う。

Ⅵ．カルチュラル・スケッチ：事例分析で用いるフレームワーク

企業がカルチャーをどのように活用しているのか、以下のフレームワークの要素に沿って説明していく（図表2－7）。このフレームワークは、さまざまな要素が組み合わさって、1つの企業がカルチャーをつかむ様を描いている。しかも、1つの内容に固定されるものではなく、時代に即して更新されていく、という側面も考慮している。大まかに企業のありようを描写していくことから「カルチュラル・スケッチ」と呼んでいる。

図表2－7　カルチュラル・スケッチ

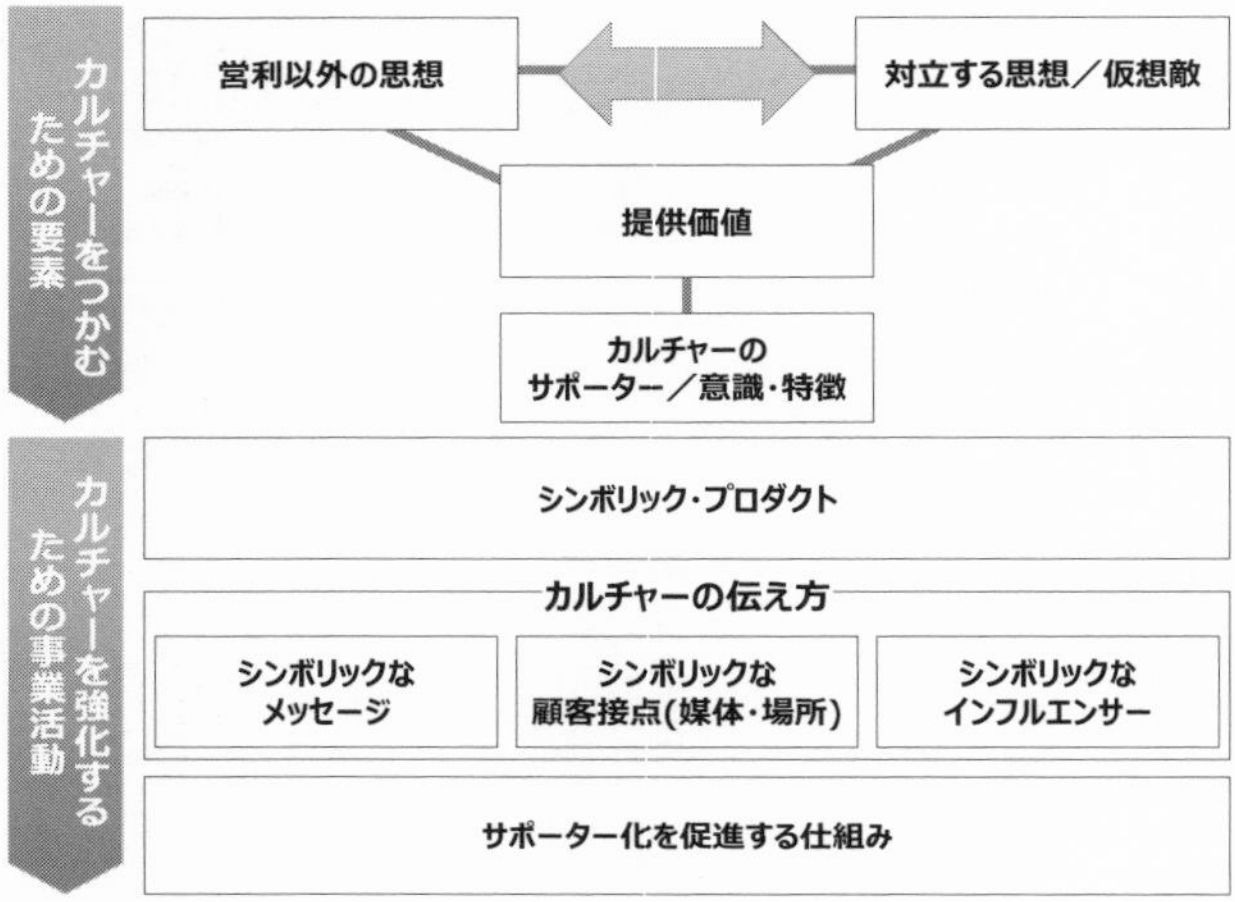

出所：著者作成

「カルチュラル・スケッチ」は、大きく2つの要素で構成されている。1つ目の要素は、企業としてどういった志を掲げ、どのような生活者に、どのような価値を提供して支持を得るのか。すなわち「カルチャーをつかむための要素」（図表2－7カルチュラル・スケッチの上半分）である。企業の根幹にカルチャーとの向き合い方・関係性を定めるのがこの要素の目的だ。企業が独自の、一般的には志、ビジョンといわれるような営利によらない思想を掲げるのは、よくあることだ。しかし、その思想が、自社の独りよがりのものでなく、文化の底流をなす戦後の長期的な価値観潮流に即していることで、生活者からの支持を得やすいことはこれまで説明してきたとおりだ。さらに、フレームワークとして重視している点は、自社が掲げる思想と相容れない既存社会の思想を必ず対比することだ。これまで5社のカルチャーとの関係性を概観した際に、各社ともに「物質主義」と「脱物質主義」、「権威主義」と「自由主義」のように、戦前からの主流の価値観への対抗軸となる新たな価値観潮流に即していたことを確認した。この対比があるからこそ、自社のカルチャーとの関わりがより鮮明になるのである。そして、自社がよりどころとするカルチャーが明確になれば、そのカルチャーに共感を覚える顧客層も明確になる。単なる商品・サービスの購入者を超えて、価値観・生活様式といったカルチャーに共感するという意味を込めて「サポーター」という言葉を用いている。サポーターが明確になれば、彼らと思想で共感するだけでなく、自社の事業を通じて、どういった価値を提供することに意義があるのかも明確化しやすい。

もちろん、思想や価値といった抽象的な概念だけでは、サポーターの共感を得られないので、事業活動でその提供価値を具現化していく必要がある。それが2つ目の要素「カルチャーを強化するための事業活動（図表2－7カルチュラル・スケッチの下半分）」だ。まずは、購入する商品・サービス自体がカルチャーを象徴したシンボリックなプロダクトでなければ、世の中にある多くの商品・サービスとの違いが分からないだろう。たとえば、ロクシタンのシアバター、ハーレーダビッドソンのV型ツインエンジンを搭載した大型バイク、無印良品の割れ椎茸や再生紙ノートなど、各社が拠って立つカルチャーがあるからこそ、それまで世の中になかったプロダクトを大胆に生み出していくことができる。

既存市場での採算性だけを考えていたら、こうしたシンボリックなプロダクトは生まれなかったに違いない。ただ、いかにシンボリックなプロダクトといっても、店に置いておくだけで、サポーターに広がっていくわけではない。そのためには、さまざまな媒体・場所を使って、メッセージを送り続けることが重要だ。しかし、それだけでは一般的な事業活動との差異が見られない。今回、カルチャーを活用している5つの事例を分析することで、サポーターのリアルでのイベントやクチコミなど、サポーターと企業、サポーター同士の関わりを深める活動がうかがえた。サポーターのリアルでのイベントやクチコミなど、サポーターと企業、サポーター同士の関わりを深める活動がうかがえた。カルチャーに共感しているサポーターだからこそ、その企業の良さを語りたいし、結果としてよりサポーターの輪が広まり、関係性も深まっていく。ハーレーダビッドソンのオーナーズグループや、無印良品のモノづくりコミュニティーなど意図的に仕掛けている活動もあれば、ビームスのオレンジ色のショッピングバッグや、らでぃっしゅぼーやの宅配野菜が詰まっているパレットなど、そのサポーターの存在を明確化する役割を結果として担っている活動もある。ただ、自社のサポーターを顕在化させ、その関係性を深めることが結果的に、サポーターがサポーターを呼ぶという、カルチャーを活用する企業ならではの広がりがあると考える。

冒頭に述べたように、「カルチュラル・スケッチ」は、一度内容を決めたら終わりというものではない。時代や市場の競争環境によって、その内容は変わっていくのが適切だろう。特に、「カルチャーを強化するための事業活動」は、外的環境だけでなく自社の事業展開・成長によっても変化していく。こうした考えから、次章以降の事例分析では、およそ10年単位で、このカルチュラル・スケッチがどのように変化していくのか、時系列で分析している。企業がカルチャーをテコにどのように成長していくのかを辿ることで、読者の方々が自社で適用することをイメージしながら、理解を深めてもらえればと考えている。

【参考文献】

Flanagan,Scott (1982) "Changing Values in Advanced Industrial Societies, Inglehart's Silent Revolution from the Perspective of Japanese Findings", *Comparative Political Studies*, Vol. 14, No.4, pp.445-479.

Flanagan,Scott (1987) "Changing Values in Advanced Industrial Societies Revisited; Towards a Revolution of the Value Debate", *American Political Science Review*.

Inglehart, R. F. (1990) "Culture shift in advanced industrial society", Princeton University Press.（村山皓・富沢克・武重雅文訳『カルチャーシフトと政治変動』東洋経済新報社、１９９３年）

Inglehart, R. F. (1977) "The silent revolution: changing values and political styles among Wes tern publics", Princeton University Press.（三宅一郎・金丸輝男・富沢克訳『静かなる革命』東洋経済新報社、１９７８年）

Riesman, D. (1964) "Abundance for What?, and Other Essays", Doubleday.（加藤秀俊訳『現代論集（2）何のための豊かさ』みすず書房、１９６８年）

青木貞茂（２００８）『文化の力　カルチュラル・マーケティングの方法』ＮＴＴ出版

飽戸弘（１９８５）『消費文化論　新しいライフスタイルからの発想』中央経済社

飽戸弘・松田義幸（１９８９）『「ゆとり」時代のライフスタイル』日本経済新聞社

栗田真樹（２０１２）『物質主義から脱物質主義へ　「世界価値観調査データ」による検証』流通科学大学論集—人間・社会・自然編—第25巻　第1号、19－35頁

浜野保樹（１９９１）『メディアの世紀　アメリカ神話の創造者たち』岩波書店
三浦展（１９９２）『「豊かな社会」のゆくえ』日本能率協会マネジメントセンター
渡辺伸一（１９９３）「脱物質主義的価値再考　イングルハート理論に関する批判的一考察」『年報社会学論集（６）』13－24頁

西村啓太

第3章

カルチャーで、ビジネスを成功させた事例：ロクシタン

Ⅰ．企業概要

1．南仏プロヴァンスが生み出した自然派化粧品ブランド〝ロクシタン〟

店内に一歩足を踏み入れると、そこは南仏プロヴァンス。季節毎に姿を変える店内の鮮やかな色彩と、イモーテルの花やマートルの葉と実が織りなす繊細な香りが、フランスの田舎町を訪れたかのような感覚を演出する。ロクシタンと聞くと、主力商品であるシアバターやハンドクリームなどの自然派化粧品だけでなく、その特徴的な店舗空間をイメージする人も多いのではないだろうか。

そんなロクシタンの歴史は1970年代のフランスに遡る。1976年、当時23歳のオリビエ・ボーサンが古い蒸留器と小型トラックを使ってローズマリーのエッセンシャルオイルをプロヴァンスのマルシェで販売したことが始まりだった。そして1980年代にはプロヴァンスで初めて〝L'OCCITANE〟という看板を掲げた工場と店舗をオープン。1990年代にはパリ・ニューヨーク・香港にもロクシタンショップを展開させ、1996年には、日本の銀座でも初めてのロクシタンショップが誕生した。

日本におけるロクシタンの成長は目覚ましく、2004年には23店舗だった店舗数を2007年には2倍の50店舗近くまで拡大させ、その後も右肩上がりで出店を加速させながら2018年度には全国に154店舗のショップを構えている。売上についても順調に推移しており、芳しくない日本の経済環境にもかかわらず、2018年度は前年度比15・6％増を達成し約270億円の売上高を記録した。世界90か国以上で展開するロクシタングループ全体においても、日本法人であるロクシタンジャポンはアジアマーケットの中心的存在であるだけでなく、世界ナンバーワンの売上を誇っている。

どのようにしてロクシタンは難易度の高い日本市場において着実にプレゼンスを高めていくことができたのだろうか。その背景を紐解いていくと、商品提案にとどまらず、南仏プロヴァンスという新しいカルチャーを効果的に提案し、根強いファンを獲得・維持することに成功してきたロクシタンの戦略が見えてくる。

2．ロクシタンのブランドフィロソフィー

ロクシタンは次の3つをグループのブランドフィロソフィーとして掲げている。

①PROVENCE LIFESTYLE（南仏プロヴァンスのライフスタイル提案）

ブランドフィロソフィーの根幹に位置している思想が「南仏プロヴァンスのライフスタイル提案」である。ロクシタンの生まれ故郷であるフランス南東部一帯に広がる地方は、その昔〝オクシタニ〟と呼ばれていた。ブランド名である〝L'OCCITANE〟は「オクシタニの女性（オクシタニア）」に由来しており、今も失われることのないプロヴァンスの伝統に対する敬意が込められている。ロクシタンはプロヴァンスの壮大な大地や降り注ぐ太陽、自然と調和した暮らしのリズムを〝Art de Vivre（暮らしの芸術）〟と称しており、その独特なライフスタイルを提案していくことをブランドのコアに据えている。

②NATURE & TRADITION（自然と伝統を敬う）

ブランドフィロソフィーの2つ目は「自然と伝統を敬う」という思想である。ロクシタンの始まりは創業者オリビエ・ボーサンが野性のローズマリーからピュアなエッセンシャルオイルを作ったことであり、今でも主力商品の多くに自然原料・植物原料が使用されている。イモーテルの花から生まれた「イモーテルシリーズ」、マートルの葉と実から作られる「ティヴァインシリーズ」、ブルキナファソのカリテの木から作られる「シアバター」などがその代表例である。

③THREE VALUES（ロクシタン3つの信念）

ブランドフィロソフィーの3つ目は「信憑性・感覚・尊敬」という3つの信念である。

「信憑性」とは、商品開発の背景となった〝True Story（真実の物語）〟に支えられた商品のリアリティのことであり、いずれの物語においても製品に使用されている自然原料・植物原料がどのようなもので、どのようにロクシタンが発見

図表3－1　ロクシタンのカルチャー年表

		1980年代	1990年代	2000年代	2010年代
			第2次オーガニックブーム	第2次オーガニックブーム	
カルチャーの動向	カルチャー因子	・アンチ化石燃料 ・アンチ自然破壊	・アンチ化学物質	・自分の負担軽減	・他人の負担軽減
カルチャーの動向	流行したキーワード	・省エネ	・エコ ・ナチュラル ・オーガニック ・有機	・スローライフ ・スローフード ・ロハス	・エシカル ・フェアトレード ・マクロビ
化粧品市場の動向	ドクターズコスメブランドの変遷	・アトピーなどの皮膚疾患に対応する化粧品増加	・ドクターシーラボを中心にドクターズコスメ市場への参入が相次ぐ	・製薬系企業の化粧品市場への参入が相次ぐ	・医療機関向け商品を一般向けに販売
化粧品市場の動向	オーガニックコスメブランドの変遷	・海外でオーガニック・ナチュラルコスメブーム	・海外の大型オーガニックコスメブランドの日本参入が相次ぐ <代表的なブランド> ・オリジンズ ・ボディショップ ・ジュリーク ・ラッシュ	・国産オーガニックコスメブランド増加 <代表的なブランド> ・MARKS&WEB ・ドゥーオーガニック ・イソップ ・Dr.ハウシュカ	・ライフスタイル提案や社会的な取り組みを訴求して優良顧客を育成 <代表的なブランド> ・低価格ブランドが多数参入
ロクシタンの動向		・80年 フランスにて通販・店販開始	・96年 日本進出	・07年 進出から10年間2ケタ成長を維持 ・09年売上高 約150億円 ・09年店舗数 約50店舗	・主要都市に大型店舗を次々とオープン ・18年売上高 約270億円 ・18年店舗数 約150店舗

し、商品化するに至ったかが語られている。また「感覚」とは、プロヴァンスの豊富な色、香り、大地の美しさを商品や店舗を通じて伝えようとする姿勢であり、ロクシタンの商品特徴の重要な一部を担っている。「尊敬」とは、環境、顧客、取引先、従業員に敬意を払うという約束であり、ブルキナファソの女性たちとともにシアバターを製造し、不当な搾取をすることなく、相互連携している姿にも裏付けられているグループの価値観である。

Ⅱ．カルチャー年表

では、ロクシタンは実際どのようにしてカルチャーをうまく活用しながら安定的な成長を遂げてきたのだろうか。その答えを探るべく、ロクシタンがフランスにて1号店をオープンさせた1980年代から2010年代現在までの「カルチャーの動向」「化粧品市場の動向」「ロクシタンの動向」を時系列の年表にまとめた。

カルチャーの動向では、各年代の社会的な価値観に強い影響を与えた「カルチャー因子」と、当時「流行したキーワード」をまとめている。こうして整理すると、ロクシタンが日本進出を果たした1990年代は第2次オーガニックブームの真っ只中にあり、オーガニックコスメが成長するための土台が整っていたことが見て取れる。

また、化粧品市場の動向では、オーガニックコスメだけでなく「ドクターズコスメブランドの変遷」も併せて記載しているが、これはドクターズコスメとオーガニックコスメが互いを仮想敵としながらも共に成長してきた過程を明らかにしている。

最後にロクシタンの動向では、ロクシタンの主な活動と成長の軌跡を整理している。このことから、2000年代に特に大きな成長を遂げていることが分かるだけでなく、オーガニックブームが去った2010年代に入ってからも安定成長を維持し続けているロクシタンの持続的な競争力を実感することができる。

Ⅲ．カルチャー戦略の変遷

これまでに紹介してきたロクシタンの基本情報を踏まえ、実際どのようにロクシタンが日本市場に独自のカルチャーを浸透させていったのかについてカルチュラル・スケッチを用いながら紐解いていく。カルチュラル・スケッチでは、創業から現在までのロクシタン総体としてのカルチャー戦略を整理した（図表3－2）。この俯瞰図を見ながら1990年代・2000年代・2010年代と10年単位で、ロクシタンのカルチャー戦略が年代と共にどのように変わっていったのかを時系列で追っていきたい。そのうえで、最後に振り返ってロクシタンのカルチャー戦略のポイントをまとめることにしよう。

1．90年代の業界動向：オーガニックコスメとドクターズコスメの台頭

ロクシタンが日本進出を果たした1990年代の日本市場では、「アンチ化学物質」の風潮が高まっており、主に食

図表3－2　ロクシタンのカルチュラル・スケッチ

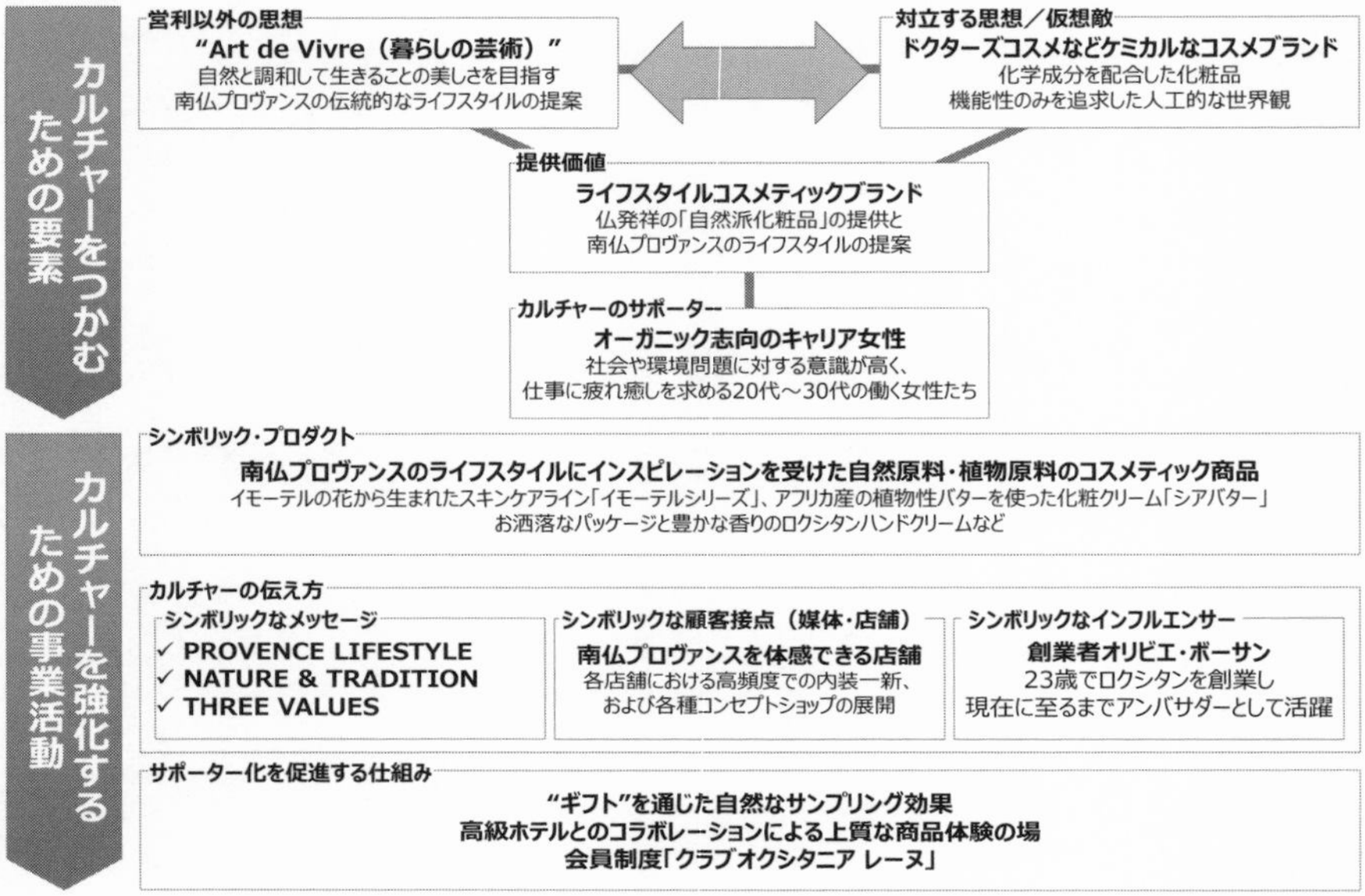
カルチャーをつかむための要素
営利以外の思想
“Art de Vivre（暮らしの芸術）”
自然と調和して生きることの美しさを目指す
南仏プロヴァンスの伝統的なライフスタイルの提案
対立する思想／仮想敵
ドクターズコスメなどケミカルなコスメブランド
化学成分を配合した化粧品
機能性のみを追求した人工的な世界観
提供価値
ライフスタイルコスメティックブランド
仏発祥の「自然派化粧品」の提供と
南仏プロヴァンスのライフスタイルの提案
カルチャーのサポーター
オーガニック志向のキャリア女性
社会や環境問題に対する意識が高く、
仕事に疲れ癒しを求める20代～30代の働く女性たち
カルチャーを強化するための事業活動
シンボリック・プロダクト
南仏プロヴァンスのライフスタイルにインスピレーションを受けた自然原料・植物原料のコスメティック商品
イモーテルの花から生まれたスキンケアライン「イモーテルシリーズ」、アフリカ産の植物性バターを使った化粧クリーム「シアバター」
お洒落なパッケージと豊かな香りのロクシタンハンドクリームなど
カルチャーの伝え方
シンボリックなメッセージ
✓ PROVENCE LIFESTYLE
✓ NATURE & TRADITION
✓ THREE VALUES
シンボリックな顧客接点（媒体・店舗）
南仏プロヴァンスを体感できる店舗
各店舗における高頻度での内装一新、
および各種コンセプトショップの展開
シンボリックなインフルエンサー
創業者オリビエ・ボーサン
23歳でロクシタンを創業し
現在に至るまでアンバサダーとして活躍
サポーター化を促進する仕組み
“ギフト”を通じた自然なサンプリング効果
高級ホテルとのコラボレーションによる上質な商品体験の場
会員制度「クラブオクシタニア レーヌ」

品などの領域においてエコ・ナチュラル・オーガニックなどの考え方が流行し始めていた。同時に、化粧品業界においても、敏感肌の増加や女性の社会進出に伴う肌ストレスの増加が問題視されており、化粧品に対する「安心・安全志向」が高まりを見せていた。これら2つの流れを受けて急成長したのが「オーガニックコスメ」と「ドクターズコスメ」という化粧品の二大勢力である。

「オーガニックコスメ」は、化学物質を使用する化粧品と一線を画す、自然由来の肌に優しい成分のみを原材料とする新しい化粧品カテゴリーとして90年代に登場した。オリジンズ、ボディショップ、ジュリーク、ラッシュなどの海外の大型オーガニックコスメブランドが次々と日本進出を果たすことで、日本の化粧品業界においてオーガニックコスメブームを巻き起こした。

一方、同時期に誕生した「ドクターズコスメ」は、皮膚科医が開発・推奨しているという医療イメージを全面的に打ち出すことにより、効果だけでなく安全性も高い化粧品カテゴリーとして新たな市場を確立した。80年代まではアトピーなどの皮膚疾患を持つ一部の顧客層向けのみに開発されていたドクターズコスメは、90年代になるとドクターシーラボという一般向け国内メジャーブランドの出現をきっかけに多くのメーカーが同市場に参入し、幅広い顧客層への浸透が加速していった。

2．90年代のロクシタン：南仏プロヴァンス発祥の自然派化粧品ブランド

ロクシタンはオーガニックコスメの火付け役となったブランドの1つとして、１９９６年に日本で初めての旗艦店を銀座でオープンさせた。当時アジアで最も魅力的な市場であった日本に以前より関心があったこと、また環境問題に対する関心の高まりがブランドフィロソフィーと合致していたこと、さらに外資系ブランドにとって障壁となっていた薬事法（当時）の規制緩和を受け、進出に乗り出した。

ロクシタンがまず初めに印象付けたかったイメージは、添加物を抑え肌にやさしい南仏発祥の「自然派化粧品」を提供するブランドであるというものだった。このイメージをさらに強調するため、主力商品としてアフリカ産の植物性バターを使った化粧クリーム「シアバター」を据え、進出当初からシアバターだけで15種類以上の香りを用意した。こうしてすでに拡大傾向にあったオーガニックコスメブームの中に自らのブランドを位置付けることで、肌荒れの原因となる化学物質を配合した化粧品と一線を画し、環境問題に対して関心の高いオーガニック志向の女性たちを取り込むことで、日本進出成功の確度を高めたのである。

しかし、それだけでは他のオーガニックコスメとの違いが見えず、厳しさを増すオーガニック競争から淘汰されてしまう。そこでロクシタンならではの特徴として打ち出されたのが「自然と調和して生きることの美しさを目指す南仏プロヴァンス」という非常に独特な世界観であった。自然とともに生きる南フランスの田舎とは一体どのようなところなのか。当時、実際に行ったことのある日本人は極めて少なかったことから、まるで夢の中の場所であるかのような神秘性があった。そしてロクシタンの店舗を訪れると、まるでその夢の中に足を踏み入れるような感覚に包まれた。同時期にオーガニックコスメブームをけん引していたオリジンズ、ボディショップはイギリス、ジュリークはオーストラリア、

ラッシュはイギリスを出身国としていたが、いずれもその出身地域をブランドの世界観に取り入れることはしなかった。このことから、ロクシタンブランドは南仏プロヴァンスという強固な差別化要素を手に入れることができたのである。

こうして90年代後半、オーガニックコスメの中ではやや後発で日本市場に進出したロクシタンは、日本の女性たちにカルチャーを選定するための要素、カルチャーを信じさせるための要素を明確に提示することで、日本の化粧品市場における自らの位置付けを確実なものにすることに成功したのである。

3．2000年代の業界動向：オーガニックコスメは「安心・安全」から「癒し」へ

２０００年代に突入してからもオーガニックブームの勢いが衰えることはなかった。２００６年に農林水産省が「有機農業推進法」を定めたことに加え、２００７年には大手食品メーカーによる食品表示偽装などが話題となり「偽」がその年の漢字に選ばれるなど、消費者の安心・安全志向はさらに高まりを見せていった。

さらにこの時期になると、ヨーロッパから始まったスローフード運動をきっかけに、それまでの大量生産・高速型のライフスタイルに対しゆっくりとした暮らし方を提案する「スローライフ」という思想が日本でも広がりを見せ始め、オーガニックと関連付けて語られることも多くなった。このことから、オーガニックはただ安心・安全であるから選ぶというだけでなく、忙しいライフスタイルに疲れた人々に「癒し」を提供するものへと役割を昇華させていった。

オーガニックコスメ市場では、それまでの海外オーガニックコスメブランドに加え、MARKS & WEBやドゥーオーガニックなど、国産のオーガニックコスメブランドが次々と参入し、ますます活気を見せていた。オーガニックと癒しが関連付けて考えられるようになったことで、オーガニックコスメに「リラクゼーション効果」を求める女性が増え、商品ラインナップの中でも特に入浴剤や香り付きボディケア商品に力を入れるブランドも急増した。

一方、ドクターズコスメ市場も拡大を続け、製薬系企業の化粧品市場への参入が相次いだ。アトピーなどの皮膚疾患

を持つ一部の女性だけでなく、一般の女性の間でも「自称敏感肌」が増加したことにより、医療系バックグラウンドを持つ化粧品への需要はますます広がりを見せた。

4．2000年代のロクシタン：「自然派化粧品」から「ライフスタイル」ブランドへ

2000年代のロクシタンは、数あるオーガニックコスメブランドの中でも特に大きな飛躍を見せ注目を集めていた。2004年には23店舗だった店舗数を2007年には約2倍の50店舗近くまで拡大させ、売上も1996年の進出時から継続して2ケタ成長を実現。2009年には150億円近くの売上高を達成した。2000年代後半に日本の化粧品業界がかつてない業績不振に苦しんでいた中、マーケティングや広告をあまり実施せず、日本専用商品の開発をせずに、なぜロクシタンはここまでの業績を伸ばすことができたのだろうか。創業者であるオリビエ・ボーサンは2004年の日経流通新聞の取材で、その背景についてこう語っている。

「特に都会に住む人のほうが、自然を求める傾向がある。当社の出店が都市部に多いのもこのためだ。近年は環境問題や理屈からではなく、製品自体を気に入って購入してくれる消費者が増えてきたと感じている。」

1996年時点では環境問題に対する意識の高まりにチャンスを見いだし日本市場に進出したロクシタンであったが、オーガニックに対する期待が変化していたことや、当初想定していたものとは異なる顧客層がロクシタンブランドに惹かれていることを早い段階から敏感に感じ取り、カルチャー戦略にいち早く反映させた。

まず、進出時に最も強く押し出していた、添加物を抑え肌にやさしい「自然派化粧品」ブランドから「南仏プロヴァンスのライフスタイルを提案するブランド」へと大きく舵を切った。ライフスタイルブランドとしての立ち位置を明確化するため、最も重視した顧客接点が店舗空間である。通常の化粧品メーカーが春夏と秋冬の年2回に分けて大型商品を投入するのが通例のところ、ロクシタンは3～4週間に1度、商品全体の3割を入れ替え、それに合わせて店舗の内装やテーマカラーも一新させた。そのため、顧客は店舗を訪れる度に全く異なるコンセプトの商品と世界観に出会うこ

とができ、何度来店しても飽きることがない。同じタイミングで配布されるDMも、クリスマスであれば開くと同時にクリスマスツリーが飛び出すなど毎回仕掛けを凝らしたものとなっており、DMを開くだけでロクシタンの世界へと誘われる。それはまるで季節毎に異なる色彩を見せるプロヴァンスのライフスタイルそのものを体験できるかのようであった。

ターゲットとなる女性像や彼女たちのライフスタイルにも変化が見られた。日本進出当初は「オーガニック志向の女性」がロクシタンブランドとの親和性が高いと考えられていたが、それだけではなかった。ロクシタンを好んで選ぶ女性は、その中でも「仕事に疲れ癒しを求める20代～30代の都会で働く女性たち」であることが見えてきた。これは女性の社会進出が肌荒れの要因の1つとなっていたこと、またオーガニックと癒しが関連付けて語られるようになったことなどが背景になっているといえるだろう。このことから「忙しく充実した都会生活の中でうまく自然の癒しを取り入れる」ことのできる女性こそがロクシタンファンになりうることが明らかとなり、そのことからロクシタンは出店を都市部に集中させていくようになるのである。

ロクシタンのターゲットが都会で働く女性に変わったことにより、主力商品も当初押し出していたシアバターから「お洒落なパッケージと豊かな香りのハンドクリーム」へと変化した。サイズが小さいことからバックに忍ばせることのできるハンドクリームは、お風呂タイムだけでなく、仕事先でもロクシタンの香りと世界観に癒されることのできるロクシタンファンの必須アイテムとなった。

ドクターズコスメとの違いがより明確になっていったのもこの時期で、安心・安全に加え「癒し」を提供価値としていたオーガニックコスメに対し、ドクターズコスメはあくまでも「効果」や「機能性」を追求し続け、世界観は清潔感のあるシンプルなものが多かった。このことから、自然派のオーガニックコスメと医療派のドクターズコスメは互いが互いをアンチテーゼとしながら成長していったのである。

2000年代にロクシタンの成長を後押ししたもう1つの重要な戦略が〝ギフト〟だ。この頃から、ロクシタンは通常の商品ラインナップに加え、ギフトセットのラインナップを充実させていった。ギフトセットの多くは小型商品の詰め合わせとなっており、リーズナブルな価格帯に抑えられていただけでなく、相手がどのような香りが好みかが分からなくともプレゼントしやすいものとなっていた。また季節性を大切にしていたロクシタンのギフトは、季節毎に異なるパッケージやラインナップが用意されていたことから、常に新鮮さも保たれた。このような特徴により、ロクシタンのギフト商品は順調に売上を伸ばし、２００９年には全売上高の３割を占めるまでとなった。〝ギフト〟という特殊なメディアを活用することにより、ロクシタンファンが自然な形で周囲にサンプリングを行うという構造が確立され、さらにロクシタンの知名度が上がりファンが増えるという好循環が生まれていった。

こうして２０００年代のロクシタンは、オーガニックを取り巻く期待の変化や競争環境の変化に敏感に反応しながら自社のカルチャー戦略を巧みに調整していったことで、不況に左右されない持続的な成長を実現させることができたのである。

5．２０１０年代の業界動向：フェアトレードなど「エシカル」な消費意識の高まり

２０１０年代になると、オーガニックは一過性のブームというよりも安定して存在する定番カテゴリーの１つとして市場に定着していった。「食品の安全性」をきっかけに始まったオーガニックは、化粧品だけでなくファッションの領域にも広がり、思想やライフスタイルにまで影響を及ぼすものとなっていった。

また２０１１年の東日本大震災を機に社会のために何ができるかを考える人が増え、この頃からオーガニックは「エシカル（倫理的）」という考え方と合わせて語られることが多くなった。１９９０年代に流行したエコロジーや２０００年代に流行したロハスが主に環境保全に焦点を当てたものだったのに対し、エシカルは環境だけでなく社会への配慮も含めて商品を選択・購入すべきだとする新しい考え方として登場した。

オーガニックを取り巻く新しい価値観形成の流れを受け、オーガニックコスメ市場では社会的な取り組みを訴求する

ブランドが多く見られるようになった。イギリスのオーガニックコスメブランドのラッシュは「No! Animal Testing（動物実験）キャンペーン」を実施し、うさぎの着ぐるみを着たスタッフが店頭で動物実験反対を呼び掛けたほか、店頭やWEBで動物実験に反対する署名を集めた。またイギリスのオーガニックコスメブランドのボディショップは、2009年から3年間にわたり「ストップ！子どもの人身売買」を合言葉にチャリティー製品「やさしさハンドクリーム」を発売してその資金の一部を児童買春の被害を受けた子供たちの支援団体に寄付するなどのキャンペーンを実施した。

ドクターズコスメ市場ではエシカル消費と関連した販促は見られず、思想や考え方を訴求するというよりも、引き続き効果と機能性を訴求するブランドが多くを占めた。またこの頃には医療機関向けのみに販売されていた商品が一般向けにも販売されるケースが増え、ますますドクターズコスメの医療系イメージが強化されていった。

6．2010年代のロクシタン：エシカルへの回帰と〝体験〟重視のコンセプトショップ

2010年代のエシカルブームを受け、改めてロクシタンは創業当初よりエシカルな企業活動を心掛けてきたことを一層強く打ち出すようになった。ロクシタンの看板商品の一つであるシアバターは1980年に創業者オリビエ・ボーサンがアフリカ滞在中に「女性しか触れることのできない神聖な木、シア」に出会ってから、変わることなく西アフリカ・ブルキナファソの女性たちと協働して作られてきた商品である。ロクシタンのシアバターは原材料を公正な価格で取引するフェアトレード契約に基づいており、2006年に設立されたロクシタン基金では、ブルキナファソの女性たちのために「世界最貧国の女性自立支援」に取り組んでいる。2016年3月には、国際女性デーにちなんだチャリティープロダクト「シアバーム」を発売。この商品の販売を通じてブルキナファソの女性たちの自立を支援するだけでなく、税や輸送コストを除いた利益は、日本の東北地方で女性支援を行っているNPOに寄付された。エシカルな企業活動は「ロクシタン3つの信念」の中でも語られているロクシタンのDNAであり、現在も社会の問題を解決すべく数多くの支援活動を実施し続けている。

また2010年代のロクシタンは、〝体験〟を主軸とした大規模なコンセプトショップを次々とオープンさせたことでも多くの話題を集めた。2010年3月には上野駅内に当時日本最大規模の店舗面積213・97㎡（64・84坪）のコンセプトショップ「ヴォヤージュ・アン・プロヴァンスUENO」をオープン。新コンセプト〝グリーンハウス（温室）〟をテーマに設計された店内は、ガラスを多用し、太陽光をふんだんに取り入れた店内には植物が飾られ、心地よく穏やかなプロヴァンスのライフスタイルを提案する場として提供された。

また2013年10月には上野店をさらに上回る規模の「ロクシタン新宿店　ヴォヤージュ・アン・プロヴァンス」をオープン。こちらは当時世界最大の旗艦店となり、全5フロア・250坪の売場に約300アイテムが並んだ。特に話題を呼んだのは2階と3階に設置された「ロクシタン・カフェ」。2階のカフェは創業者オリビエ・ボーサンの書斎をまねて作られ、書棚には多数の洋書が並んだ。一方、3階のカフェは南仏プロヴァンスの光に満ちたテラスをイメージしてデザイン。中心部にはヨーロッパのパティオ（中庭）を想起させるワゴンが置かれ、花やハーブティーが飾られた。いずれもロクシタンの世界観を存分に味わえる空間として演出された。4階に設置された「ミュゼ・ロクシタン」と呼ばれるロクシタンのミュージアムのような空間では、初期のヴィンテージボトルやポスター、ブランド誕生のきっかけとなった蒸留器のレプリカが展示され、プロジェクターには南仏の観光情報が流された。

さらに2019年7月には表参道に「ロクシタン表参道店　ヴォヤージュ・センソリアル」をオープン。日本初のスパ&カフェ併設のコンセプトストアとして、五感でロクシタンを感じられる店舗として設計された。外観はロクシタンを代表するさまざまなハーブを全面にデザインするとともに、併設のカフェでは四季折々に合わせたメニューを用意。地下1階には直営店併設スパとして「プティスパ・ロクシタン」を構え、ロクシタンの商品と独自の技術で極上のリラクゼーションタイムを提供する場が設けられた。

いずれのコンセプトショップも購買を主な目的としている他店と異なり、南仏プロヴァンスのライフスタイルを五感で味わい、ロクシタンの世界観を〝体験〟できる場として多くのファンを魅了した。

さらにロクシタンファンを増やすための仕掛けとして、高級ホテルとのコラボレーションを加速させた。箱根ホテル小涌園やホテル椿山荘東京の客室にはアメニティとしてロクシタンの商品が採用されただけでなく、2018年10月には「悠 YU, THE SPA by L'OCCITANE」と題し、ロクシタンスパのトリートメントメニューがホテル椿山荘東京に導入された。また2019年7月には期間限定で椿山荘のカフェにロクシタンとのコラボメニュー「ロクシタン　リラクシングアフタヌーンティー」が登場した。

優良顧客の会員制度「クラブオクシタニア　レーヌ」がスタートしたのも同じ時期。通常の会員制度「クラブオクシタニア」会員のうち、年間の購入金額が5万円以上となるトップ顧客が対象となり、レーヌ会員ならではのサービスを多数受けられる。その一例として、プロヴァンスの一軒家をイメージした青山店「メゾン・ド・プロヴァンス」では最上階の3階をレーヌ会員専用スペースとし、無料エステやお茶のサービスを受けることができ、ロクシタンの代表的な商品も自由に試すことができる空間とした。

2010年代のロクシタンは、時代の風潮に合わせて創業以来大切にしてきたエシカルという信念を再度打ち出しなおすと共に、シンボリックな顧客接点としての店舗をより一層〝体験〟を主軸に強化することに注力した。またサポーター化を促進する仕組みとして高級ホテルとのコラボレーションを推進するだけでなく、優良顧客を囲い込むための会員制度にも力を入れた。90年代後半に「自然派化粧品」のブランドとして日本に店舗を構えたロクシタンは、約20年間の時を経て、「ライフスタイルコスメティックブランド」としての地位を確固たるものにしたのである。

Ⅳ．「ロクシタン」のカルチャー戦略まとめ

1996年に日本市場への進出を果たしてから、ロクシタンは自社を取り巻く市場環境の変化を敏感にキャッチしながらカルチャー戦略を展開してきた。環境問題や肌トラブルの増加を背景に「安心・安全志向」が高まっていた199

0年代には、「自然派化粧品」であることを最も強く打ち出すとともに、「南仏プロヴァンス」という自社の最も重要な差別化要素を訴求した。「癒し」に対する需要が高まった2000年代には、都会で働く女性にターゲットをシフトさせるとともに、「自然派化粧品ブランド」から「ライフスタイルブランド」へと提供価値を昇華させ、より一層カルチャーによる訴求を強化した。エシカル消費が流行した2010年代には、改めて自社のDNAである環境・社会への配慮を打ち出すとともに、これまでに獲得してきたファンをしっかりと囲い込むべくロクシタンのカルチャーを体感できる場をより多く提供できるようコンセプトショップの展開を強化した。こうした時代に合わせたカルチャー戦略の移り代わりこそが、ロクシタンが多大な広告投資をしてこなかったにもかかわらず着実にプレゼンスを高め、ファンを獲得してきた要因なのではないだろうか。

ロクシタンのカルチャー戦略のポイントを改めて振り返ると、次の5つの要素にまとめることができる。

1．営利以外の思想：「南仏プロヴァンス」の具体性と神秘性

南仏プロヴァンスを語らずしてロクシタンを語ることはできない。そのくらいロクシタンブランドのDNAに深く刻み込まれており、ブランドの魅力の根幹となっている。しかし、創業以来の揺るがない世界観がほかでもないこの南仏プロヴァンスであったことこそが、ロクシタンのカルチャー形成に大きく役立ったといえる。

ご存知のとおり、南仏プロヴァンスは実在する場所である。飛行機に乗りさえすれば、どのような風景・香り・音のする場所なのかを実際に現場で確認することができる。それは商品開発、店舗開発、その他デザイン開発において思いのほか大きな意味を持つ。実在する場だからこそ、インスピレーションは尽きることなく、季節毎に大胆に色彩やデザインを変更してもー貫したロクシタンらしさを維持できるのである。

一方で、ロクシタンファンのうち、南仏プロヴァンスを実際に訪れたという人は一体どのくらいいるのだろうか。フ

ランスといえば北部にあるパリを訪れる人は多くいても、フランス南部を訪れた経験のある人は比較的少ない。実際に見たことがないからこそ、いくらでも想像を膨らませることができるのである。南仏プロヴァンスは実在の場所でありながら、一人ひとりの心の中にある空想の場所でもあるのである。

実在する場所としての具体性を持ちながら、空想の余地を残す神秘性も持ち合わせている南仏プロヴァンスという実に特殊な生誕の地を持っていることは、ロクシタンがカルチャー形成をするうえで大きな推進力になったのである。

2．仮想敵：ともに成長を続けた好敵手「ドクターズコスメ」

オーガニックコスメとほぼ時を同じくして台頭したドクターズコスメの存在も、ロクシタンにとっては大きなメリットとして働いた。新しいカルチャーを市場に理解してもらううえで最も効果的な手法の一つが、「○○ではない」ということを明確化することである。同じ安心・安全を謳う商品カテゴリーでありながら、感性豊かな世界観、癒しをもたらす香り、環境・社会に対する配慮などを訴求することなく、あくまでも効果と機能性を訴求し続けたドクターズコスメは、ロクシタンを含むオーガニックコスメにとって分かりやすいアンチテーゼの役割を果たしてくれた。ドクターズコスメのように、購入者から見ると「自然派」と「医療派」で対立しているように感じられる競合カテゴリーでも、時にこうして共に互いのカルチャー浸透を促すパートナーになりうるのである。

3．カルチャーのサポーター：「キャリア女性」への柔軟なターゲットシフト

ロクシタンに惹かれている顧客層が実は「都会で働く女性」であることをいち早くキャッチし戦略に反映させていったことは、ロクシタンの成功を支える大きな鍵となった。なぜならば、ターゲット変更を軸に、商品戦略が変わり（主力商品が自宅で使用するシアバターから外出先で使用するハンドクリームへ）、出店戦略が確立され（都市集中型の店舗展開へ）、提供する価値が変わった（自然素材による安心から五感の刺激による癒しへ）からである。日本進出当初

に想定していた環境問題を背景に自然派を好む女性をターゲットとし続けていた場合、このような大幅な戦略変更に踏み切ることができず、2000年代に見せた飛躍は実現しなかった可能性が高い。効果的なカルチャー戦略を組み立て、正しく修正していくためには、常にそのカルチャーに反応する層がどのようなターゲットであるのかを見誤らないことが重要であるといえるだろう。

4．サポーター化を促進する仕組み：ロクシタンギフトによるファン拡大戦略

2000年代から商品を季節毎に高頻度で入れ替えるようになったこと、また経済環境の低迷から節約志向が高まっていたことを受け比較的リーズナブルなギフトセットを展開したことが、ロクシタンを〝コスメギフト定番ブランド〟として位置付けることに寄与した。特に女性に対してギフトを贈る際に重視されることは、お洒落でありながら高価格すぎず、ハズレのない安心感がありながら新鮮さを保てるものであることである。決して低価格ではないブランドの比較的リーズナブルな詰め合わせ、かつ季節限定品であるがゆえに新鮮さを保つことができるということから、今でも女性向けギフトのランキングで必ずロクシタンが上位にあがってくる。ギフト需要を獲得することができたことで、それまでロクシタンに触れたことのなかった女性の多くがロクシタンの魅力を知る機会が生まれ、さらにファン層を拡大させることに成功したのである。

5．シンボリックな顧客接点：〝体感〟を軸としたコンセプトショップの充実

ロクシタンをカルチャーブランドとして確立させるうえで重要な役割を果たしたのが、新宿店を筆頭とした数々のコンセプトショップの存在である。市場の中で自社の提唱するカルチャーが確立できた後、今度はそのカルチャーを維持し強固にしていくための活動が求められる。そのため、ロクシタンは2010年代に上野店・新宿店・表参道店のような〝体感〟を重視した店舗の立ち上げに乗り出し、さらには青山店のように優良顧客のみが使用できる空間も設けるこ

とでさらに熱烈なファンの囲い込みを進めた。いかにして南仏プロヴァンスを五感で体験してもらうか、いかに化粧品という商品領域を超えてライフスタイル全体に働きかけていくかを考え、一見して売上に直結しない活動にも前向きに取り組んできたからこそ、ロクシタンは競争環境や経済環境に左右されることなく、安定した成長を実現してきたといえるのではないだろうか。

【参考文献】

『週刊粧業・訪販ジャーナル』２０１２年１月23日「ラッシュ、実験動物を疑似体験する店頭キャンペーン実施」
『粧業日報』「ロクシタン、上野に新コンセプトショップ　面積２００㎡で日本最大規模、「温室」テーマに穏やかなライフスタイル提案」２０１０年３月16日
『洗剤日用品粧報』「ＮＥＷワード／エシカルコスメ／倫理的消費行動に注目」２０１１年５月30日
『東京読売新聞朝刊』「［ブランド研究］(67) ロクシタン　自然素材　伝統と情熱（連載）」２０１２年７月16日
『日経産業新聞』「仏ロクシタンの会長に聞く」１９９６年11月29日
『日経産業新聞』「自然派化粧品市場、優良顧客囲い込み」２０１３年７月17日
『日経流通新聞』「自然派化粧品店、日本で出店加速」１９９８年３月10日
『日経流通新聞』「50店体制へ出店加速」２００４年９月14日
『日経ＭＪ（流通新聞）』２０１３年７月１日「ロクシタンが無料エステ、得意客向け」
『日経ＭＪ（流通新聞）』２０１３年11月18日「ロクシタン新宿店」
『日本経済新聞朝刊』「自然派ユニーク化粧品上陸」１９９６年12月25日
『日本経済新聞朝刊』「自然派人気働く女性の心つかむ」１９９７年７月９日
『日本経済新聞朝刊』「自然派化粧品肌にやさしく」２００４年９月16日
『日本経済新聞朝刊』「入浴剤市場回復の兆し」２００５年７月15日
『日本流通新聞』「香り付きで心も潤う」２００８年11月29日
『日本流通新聞』「コスメの定石打ち破れ」２００９年11月20日
『毎日新聞地方版』「貢献人たち：ＣＳＲの現場から　化粧品専門店「ザ・ボディショップ」／東京」２０１０年１月14日

ウォーカープラス「癒やし効果抜群！ホテル椿山荘東京×ロクシタンのコラボアフタヌーンティーを実食レポート！」https://www.walkerplus.com/article/195788/（アクセス：２０１９年７月29日）

Digital PR Platform「【箱根ホテル小涌園】２０１５年２月７日（土）ガーデンビュースイートルーム　リニューアル OPEN」https://digitalpr.jp/r/10352（アクセス：２０１９年７月29日）

VOGUE『「ホテル椿山荘東京」とロクシタンがタッグを組んだ、都会のオアシスなホテルスパ。』https://www.vogue.co.jp/beauty/spa/2018-12-11（アクセス：２０１９年７月29日）

FASHIONSNAP.COM「ロクシタンスパのトリートメントが初上陸、ホテル椿山荘東京で提供」https://www.fashionsnap.com/article/2018-07-19/yu-thespaby-loccitane/（アクセス：２０１９年７月29日）

流通ニュース『ロクシタン／表参道に日本初スパ＆カフェ併設のコンセプトストア』、https://www.ryutsuu.biz/store/l072516.html（アクセス：２０１９年７月29日）

ロクシタン L'OCCITANE en provence ウェブサイト、http://jp.loccitane.com/（アクセス：２０１７年４月20日）

ロクシタンジャポン採用情報ウェブサイト、http://saiyo.loccitane.co.jp/（アクセス：２０１７年４月20日）

L'OCCITANE GROUPE ウェブサイト、「FY2019 Annual Report (17/07/2019)」https://group.loccitane.com/sites/default/files/2019-07/EW00973-AR_0.PDF（アクセス：２０１９年７月29日）

吉田寿美

第4章

カルチャーで、ビジネスを成功させた事例：ハーレーダビッドソン

Ⅰ．企業概要

1．大型バイクの代名詞である「ハーレーダビッドソン」

バイクに乗ったことがない、興味がないという人でも「ハーレーダビッドソン」（以下、ハーレー）という名前はご存じではなかろうか。さまざまな年代層において高いブランド認知を誇り、長年にわたって持続的な成長を続ける強固なブランドで、〝モーターライフサイクルの夢を叶える〟という企業ミッションを掲げるハーレーダビッドソンについて、いかに「バイクメーカー」という枠を超え、「カルチュラル・カンパニー」として事業を拡大させてきたのかを本章ではご紹介したい。

2．ハーレーのブランド哲学：自己表現のバイクとしてモーターライフサイクルの夢を叶える

ハーレーの歴史を紐解くと、20世紀初めの１９０３年まで遡る必要がある。ハーレーとは１００年以上にわたって「バイク文化」を広げ、世代を越えて愛されてきたブランドであるともいえる。

設立当時こそ、自転車に似たフレームに細長い単気筒エンジンという今のハーレーの面影からは程遠いバイクであったが、１９０９年にはハーレーの代名詞ともいわれるV型ツインエンジンを搭載したモデルが登場し、１９３３年には今日のイメージとほぼ相違ないフラットヘッドと愛称されるモデルが完成している。我々が「ハーレーダビッドソン」と聞いて想起するあのフォルムは80年近く前にすでに登場していたのである。

日本にも以前、「陸王」という名前でライセンス生産・販売という形でハーレーは販売されていた。当時の製造メーカーが倒産した後は、再び代理店による輸入販売のみとなってしまったが、１９８９年に日本法人のハーレーダビッドソンジャパンが設立され、再び正規販売されるようになった。

バイクに限らず、「乗り物（ヴィークル）」にとって、実用的か趣味的かという存在意義を問う投げかけが起きること

がある。ハーレーは、車両価格も高く、車体重量も重く、燃費も決して良いとはいえない。ハーレーは「実用的な乗り物」ではなく、さらにいえば、「出前に使うようなバイク」ではないとすらいえる。

ハーレーは誕生当初から、個人的な楽しみ、特にレースやツーリングなど趣味的用途として愛されてきた。

オーナーからは「実用性」ではなく、「自己表現」の手段として選択され、趣味のバイクとして世代を越えて愛されてきたのがハーレーの特徴である。もしこれが実用的な側面で選択されてきたら、技術開発・コスト競争にさらされ、今日のハーレー文化は成立していなかったであろう。

「ハーレーは『価格』ではなく『価値』で売る商品である。」

ハーレーダビッドソンジャパン（以下、ＨＤＪ）の代表取締役を務めた奥井俊史氏は著書の中でそう述べている。ホンダ、ヤマハ、スズキ、カワサキという大手4社で世界のオートバイ市場の半数のシェアを占め、これらの競合製品と約2倍もの価格差がある中で、値下げ競争で争うことは体力的に大きな差があるため難しい。さらに値下げで一時的に売上を伸ばしても、価格の魅力は価格で奪われてしまうことになる。

そのような中で、ハーレーが実施した戦略は「他社とは価格を比較しない」ことであった。適正価格への調整努力はするが、値下げ競争を行っても得るものは少ない。ハーレーの商品特性そのものを「価値」として打ち出していこうという考えを明確にした。

ハーレーの「価値」とは有形価値と無形価値の2つに分かれる。

有形価値とは、ハーレーの車体そのものを中心に、約3万点に及ぶ部品、アクセサリーなどの商品に加え、本体自体の資産価値が挙げられる。これらの価値に魅力を感じているからこそ中古価格もヴィンテージ価格として保つことができる。

無形価値は、各種のイベントやユーザーへお送りする情報、アフターサービスに加え、「ハーレー・オーナーズグループ」などの組織的なコミュニティとそれを取り巻く各種プログラムや高い顧客満足など、メーカーと販売店とユーザーが密接に結びあう一体感、ファミリー意識の精神的な価値を指す。

これらの「価値」を通じて、お客様それぞれの多種多様な「楽しみ」を整理し、具体化したものが次の『ハーレーを通じた10の楽しみ』である。

- 「知る」楽しみ（商品・歴史）
- 「乗る」楽しみ
- 「創る」楽しみ（カスタマイゼーション）
- 「選ぶ」楽しみ
- 「競う」楽しみ（レースやカスタムでの競い合い）
- 「出会う」楽しみ
- 「装う」楽しみ（ハーレーライフスタイリングファッション）
- 「愛でる」楽しみ
- 「海外交流」の楽しみ（世界的なオーナーズグループ）
- 「満足」（トータルなハーレーライフの満喫）

これら「10の楽しみ」とは、ハーレーダビッドソンというバイクをコアにした「ハーレー文化」を楽しんでいることにほかならない。オーナーは各々自分なりの楽しみ方を見つけ、カルチャーを維持・強化する担い手となる。

元ＨＤＪの奥井社長自身も、このメーカーと販売店とオーナーが結びあう「文化的なつながり」を重視し、この一体感が他社との差別化、ハーレーがバイク市場の中で特別な存在であり続ける大きな要因だと判断している。

これらの「文化的なつながり」をオーナーによる自主的な活動に任せるのではなく、ハーレー自身もつながりを強化するためにさまざまなイベントやプログラムを企画し、毎年実施している。

毎年行われる大型イベントでは、年間数万人規模のオーナーが参加し、さらに未来の顧客である非ハーレーユーザーも多く参加し、彼らはイベントという非日常の空間で、ハーレーの歴史や伝統、文化を分かりやすい感動体験として実感している。

『ハーレーダビッドソン』という「モノ」を売るために、楽しみ方という「コト」を売ることからスタートする。この特徴的な取り組みが、文化の広がりの中で、実体験し、その文化に新たに惹かれた新規オーナーが増えていくという好循環を生む土壌となっている。

一昔前でこそ、ハーレーは「不良」や「おじさん」のバイクだった。しかし、今日ではオーナーの平均年齢は37歳と世代を越えて愛されるブランドとなっている。

このように１００年以上にもわたって愛されてきたハーレーであるが、その根源はハーレーが提供し、オーナーとともに育ててきた文化そのものであるといえる。本章ではこのハーレーのカルチュラル・カンパニーとしての特徴について説明していく。

Ⅱ．カルチャー戦略の変遷

１．ハーレーカルチャーの広がり

ハーレーがどのようにしてカルチャーの変遷とともに成長を遂げてきたのかについて、大きく４つの時代に分けて紹介したい。

１つ目は、創業期から２度の世界大戦を含んだ１９６０年代までの、「自由の象徴」としてのハーレーブランドの確立期。

2つ目は、70年代に経営の安定化を図るためAMF（アメリカン・マシン・アンド・ファウンドリー）の傘下に入った結果、製品の品質を落とし、〝Hardly Driveable〟（乗るだけで大変なバイク）と揶揄されるようになってしまった、経営危機とブランド失墜の時期。

3つ目は、AMFから株を買い戻してハーレーらしさを取り戻し、また有名な「ハーレー・オーナーズグループ」が設立された80年代のブランド再生とコミュニティの加速化の時期。

そして最後に90年代以降のライフスタイルマーケティングの実践の時期。

これら、各時代でハーレーがどのような活動を行ってきたかについて説明していく。

2．1900－60年代：「自由の象徴」としてのハーレーブランドの確立

現在では〝聖地〟の1つとしてオーナーの間で語り継がれているアメリカウィスコンシン州ミルウォーキーにて1903年に産声を上げたハーレーは、1908年頃には早くも苦境に立たされていた。フォードが起こした安価な自動車「T型フォード」は、一般生活者に自動車を普及させたばかりではなく、オートバイ市場にまで影響を与えた。労働者が通勤の手段として自動車を選択する中で、オートバイには自動車に劣らない信頼性と耐久性、さらに自動車では味わえないようなスリルやパイオニア精神といったメンタル面の訴求が重要だと考えるようになったハーレーは、バイクをエキサイティングに見せるためレースチームのスポンサーになるなど、オートバイ所有の根拠として、「実用的」ではなく「趣味的」な側面を強調するようになった。

ハーレーの「価格」ではなく「価値」で売るというカルチュラル・カンパニーの源流はこのときから確立されていたのである。

また、ハーレーは時代のさまざまな追い風を受けてその「文化」を広く浸透させていくことにも成功する。

1930年代に世界的な大恐慌が起きた際には、ハーレーを含めた多くの企業が労働者を解雇し、社会には失業者が溢れることになった。ハーレー自身も生き残り戦略として、スタイリングを強調するために馴染み深いティアドロップタンクの発表や、ライダールックの魅力を強調するために景気が下向きの時代にもアクセサリーや衣類の販売といった新事業に着手するなど、「趣味的」な価値をさらに強調していった。そして、経済の発達によりガソリンは安価となり、暇と欲求をもてあました失業者のレジャー、そして行き場のないフラストレーション発散の手段としてバイク需要が増加し、ハーレーもその恩恵を大いに受ける結果となった。

そして1940年代、第2次世界大戦中にも米軍の間でハーレーが広く使われたことで、何千人もの潜在的な顧客の獲得にも成功した。バイク部隊の活躍によって本国でも映画スターなどがその魅力に惹かれ、また多くの帰還兵が戦時中に自分と苦楽をともにしたハーレーを購入し、「ハーレーオーナー」となった。

そして1950年代から60年代に、さまざまな映画や本などを通して、人々の中で「Anti-Social, Freedom（反社会的・自由）」といった、ハーレーの象徴的なイメージが醸成されていった。1953年に公開された、のちにゴッド・ファーザーシリーズにも出演した人気俳優のマーロン・ブランドが主演した暴走族の対立を描いた映画『*The Wild One*』（邦題『乱暴者』）では、全米各地にバイク集団の結成を促進させた。1966年にハンター・S・トンプソンによってバイカーギャングのヘルズ・エンジェルズに密着取材し出版された『*Hell's Angels*』では、ハーレーと「アウトロー」文化との親和性を強固なものとした（彼らは自身を『1％クラブ』と公言し、「世の中に迎合するわけでもなく、誰にどう思われても何も気にしない市民社会の1％のはぐれ者、そういったアウトローバイカーの特権階級がヘルズ・エンジェルズである」と述べた）。

ハーレーディーラーであるO. Shokouhはヒストリーチャンネルの番組の中で「反抗的なイメージがハーレーの神秘性を作った」と述べている。バイクの持つ『無法者』といった世間の評判がバイクのスリルを増し、一般的な人々も危険と遊んでいるというスタイルに興奮し、憧れを抱いた。同様の観点で、歴史家のJ. Rosenblumは「アウトロー的な世間のイメージがハーレーのみならずバイクの売上に貢献したことは疑う余地がない。当時の映画は、バイクによる向こう見ずなライディングとセックスを出しておけば大ヒットだった」とも述べている。ハーレーやバイク自体が持つ『反抗的なイメージ』こそ、若者の内に秘めた想いを体現してくれる存在だったといえる。

これらの一連の流れを背景にしながら、1969年に公開された映画『*Easy Rider*』（邦題『イージー・ライダー』）によって、「ハーレー＝自由の象徴」が決定付けられた。1960年代後半頃には、アメリカではベトナム戦争後の虚脱感から、体制への反逆精神が顕著に見られるようになり、当時のムーブメントを体現した映画が『*Easy Rider*』であり、ひたすらバイクを駆って旅を続けるという劇中に登場したハーレーは、「自由で自分の夢を叶える象徴」（社会や体制といったルールの中での自由ではなく、抑圧から解放された自由）として多くの人に魅力的に思わせることに成功した。

このように、ハーレーにおける20世紀前半とは、人々が多くの枠組みの中に当てはめられていく中で、「Anti」という概念のもと、『自由』といった文化に魅入られた人々が「自分を表現する手段」として、ハーレーオーナーとなるという、時代に求められた要素とうまくリンクしながらカルチュラル・カンパニーとして成長していった時期だと述べることができる。

3．1970年代：経営危機とブランドの失墜

世界恐慌も乗り越えてきたハーレーも、キューバ危機やベトナム戦争の泥沼化などで停滞したアメリカ経済の影響は避けられず、コアなファンに支えられつつも経営の安定化が経営課題となっていた。

さらに当時、価格競争ではない収益性の高いビジネスを展開できていたハーレーは、力のある企業や投資家から買収先のターゲットとして見られていた。バイクに全く理解がない企業に乗っ取られるのではなく、友好的な買い手を見つけられないかとハーレーのスタッフが検討し、ついに1960年代の終わり頃に強い経営基盤とエンジニアを大切にする風土を持つAMF（アメリカン・マシン・アンド・ファウンドリー）と業務提携を結び、AMFの一部門となった。

以降、「ＡＭＦハーレーダビッドソン」と名を改めたハーレーは、車両ロゴにも「ＡＭＦ」の文字が付け加えられることとなった。

新たにヨークに工場を構え、大幅な増産体制を構築したＡＭＦハーレーは〝*The All American Freedom Machine*〟というスローガンを掲げ、より一層『自由』を強調した。

しかし、ＡＭＦ主導による生産の合理化に伴う人員削減はストライキを多発させ、また新型車の生産拡大に伴い生産管理が追いつかず、結果として製品品質の大幅な低下を招くことになってしまう。

ハーレー愛好家からして「暗黒の時代」と呼ばれたこの時期は、ＡＭＦが当時台頭していた日本車への対抗意識もあり、大幅な増産体制を敷いたものの、結果として世に大量の粗悪品を送り出してしまったことから、ハーレーのブランドイメージを大幅に下落させてしまった。

当時のハーレーの特集番組でナレーターが語ったこんなエピソードがある。

　暗黒の時代のＡＭＦ。乗っている時間より、押している時間のほうが多かった。

経営の安定化や、より多くのオーナーの期待に応えるためにＡＭＦの傘下に入ったものの、フタをあけてみれば、バイクに全く見識のない素人のＡＭＦ幹部が企画や開発にまで口を出すようになり、大量生産によって売上を伸ばすことしか考えなかった結果、ハーレーは〝Hardly Driveable〟（乗るだけで大変なバイク）と揶揄されるようになってしまった。

そのような最悪な状況の中で、ハーレーはＡＭＦ幹部の要求をうまくかわしながら、１９７６年にアメリカ合衆国２００年記念のリバティ・エディションの発売や、１９７７年には今もなお熱狂的なファンに支持される不朽の名車『ローライダー』を発売するなど、愛好家のファンの期待に応えるべく「ハーレーらしい」オートバイを世に提供していく。

このようにハーレーブランドが失墜していく中でも、ハーレーを根強く支えていたのは、ハーレーが持つ「価値観」や「ストーリー」、そして文化に惹かれたハーレーオーナーたちだった。彼らにとって、ハーレーはどんなに高価で、性能、ハンドリング、品質面において日本製のオートバイに劣っていようとも、自身の「自由さ」を体現する存在そのものであり続けた。

一方で、ハーレーを傘下に収めたAMFではあるが、根強いハーレーオーナーとは対照的に、70年代の終わり頃には、当時の不況も向かい風となり、当初予定していた収益を上げられないことから、ハーレーに対する関心の低下が如実に表れ、それが品質の低下に一層の拍車をかける結果となった。

そのような中で、ハーレーを売りに出すことを決定したAMFに対して、ハーレーの役員は危機感を抱き、悩みに悩んだ末、今度はハーレー自身がAMFから株を買い戻し、再び独立することとなった。

4．1980年代：ブランドの再生とコミュニティの加速化

1981年にAMFから株を買い戻し、再びハーレーダビッドソンとして独立したハーレーであったが、まず着手したのが「ハーレーらしさ」を取り戻すことであった。

1950年代にはアメリカの二輪車市場の70％近くのシェアを有していたハーレーだが、小型二輪車の成功で力をつけたホンダを始めとする日本企業の攻勢により、ハーレーのシェアは1980年代初頭には二輪車市場全体の3％、大型二輪に限っても10％近くにまで落ち込んでしまっていた。

ハーレーが「ハーレーらしさ」を取り戻すためにしたことは、大きく2つ。1つは、AMF時代に低下してしまった生産性と品質を向上させること。そして、もう1つは、ブランドの再構築を行うことだった。

生産性と品質の向上にあたっては、日本企業の生産管理からジャストインタイムシステムやQCサークルなどの手法を取り入れることで解決を図ろうとした。

そしてブランドの再構築にあたって、ブランドのイメージ向上と品質管理を徹底するために商標やロゴの不正利用を行っていたガレージや工場を廃止させ、また〝motorcycles by the people, for the people〟というスローガンを打ち出し、「男らしさ」、「アメリカへの愛国心」、「社会的束縛からの自由」といった『ハーレーダビッドソン』から想起されるイメージをポジティブに奨励する愛国的なプロモーション活動を行った。ＡＭＦ時代に低下してしまったハーレー本来の「価値」とそこから生じる喜びを、再び明確にしたのである。

ブランド戦略論の大家、Ｄ・Ａ・アーカーは、ハーレーの顧客にとって、ハーレーとは「最も大きく、最も重く、最も騒々しいバイク」であり、それゆえ「最も男らしいバイク」であることを指摘する。日本車に比べてスピードが出るわけでもなく、燃費が良いわけでもなく、また乗り心地も決して快適ではない。しかし、彼らが求めるものはそういった「走行性能」ではなく、「自分を束縛から解放してくれる自由の象徴」である価値こそが重要であり、だからこそハーレーは今日も多くの顧客を魅了し続けると述べている。

さらにこれらの活動に加えて、ハーレーはオーナー同士の結びつきを強めるため、有名な「ハーレー・オーナーズグループ」（以下、H.O.G.）を１９８３年に立ち上げている。前述したヘルズ・エンジェルズのように、オーナー自身が個別にグループを作ることはあったが、ハーレー自身が自らグループを作ったのは初めてであった。

１９８３年に始まったこのリアルコミュニティは今日では、世界１３１か国、１００万人以上のハーレーオーナーをつなぐ世界最大のライダーズグループとなっている（日本では１９９５年から運営を開始し、数万人規模のコミュニティを形成）。活動の軸としては、チャプター（支部）と呼ばれる会員組織から成り立っており、世界で約1，４００、日本でも１４５ものチャプターが存在し、個人、またはチャプター同士がツーリングや多様なイベントを通して交流し、「ハーレーを通じたさまざまな楽しみ」を実現している。

チャプターの運営はハーレーの正規販売店だけでなく、販売店と相談・協力しながらメンバーによって主体的に行われており、ディレクター、アシスタントディレクター、ロードキャプテンなど各チャプターに役員が存在し、役割分担がされている。チャプターでは独自の憲章を保有し、その憲章に基づいて社会貢献のためのチャリティー活動や、催事イベント、ツーリングなどが精力的に展開されている。

コミュニティの入会資格は、ハーレーのオーナーであることであるが、入会後、ハーレーの文化に賛同しない、「ハーレーオーナー」としての規範を守らないなど、各チャプターでメンバーとして適格でないと判断された場合、強制的に退会させることができることで秩序を保っている。

H.O.G.は企業発のリアルコミュニティではあるが、オーナーと共同主催で維持・運営されている組織である。全国にチャプターという形で支部が分散され、さらに入会資格を設け本当のファンのみを集めることでコミュニティの秩序を保ち、そしてメンバーが役割を持つことで運営に対しての責任感を形成している。メンバーはハーレーの価値観の共有だけでなく、儀式や伝統の共有、そしてメンバー同士の交流から道徳的責任を身につけていく中で、メンバー同士の絆を深めていくと同時にハーレーに対するロイヤルティも高まり、より強固なブランド・コミュニティとして育っていく。このような企業、販売店、オーナーの絆が深まる循環が形成されているコミュニティがH.O.G.の特徴である。

これらの品質向上・ブランド強化の活動が功を奏し、1980年初頭には10%程度だった大型二輪のシェアも1990年代に入ると再び60%を超えるまでに回復し、従来のファンだけでなく「自由」に憧れる新たなファンの獲得に成功することができた。

特にH.O.G.は、これまで個別に活動されていたグループを、メーカーと販売店、そしてオーナーを結び合つけることで、「ハーレーの文化」をともに共有し、広め、育てていくコミュニティにすることに成功した。結果として、メーカーと販売店にとっては、ロイヤルティの高い顧客との長期的な関係構築と新規需要開拓を実現し、オーナーにとってはハーレーを通した楽しみ方を実践し、文化に共感した仲間と共に新しい楽しみ方を見つけることができ、ますます好きになっていく。

そのような文化の普及・発展で誰もが幸せになっていくという点が、ハーレーというカルチュラル・カンパニーの特徴であるといえる。

5．1990－2000年代：ライフスタイルマーケティングの推進

ハーレーブランドは一部のバイクマニアに熱狂的に支持はされるものの、「自由の象徴」が曲解され、前述したヘルズ・エンジェルズを始めとした一部の集団のイメージから「不良が乗る乗り物」という印象を作り始めてしまった。ハーレーも無法者のバイカーやギャングと区別がつかないことを懸念し、H.O.G. のメンバーにチャリティー活動などを呼びかけたものの一般生活者からのイメージ払拭まではつながらなかった。ブランドの低迷期に根強く支えた愛好家であったがゆえに新規顧客の獲得を困難にするという事態を招き始めてしまっていたのである。

ハーレーは自己表現の手段ではあるが、決して一部の人だけに愛されるブランドではないし、「反体制」がハーレーが訴求したいメッセージではない。

「趣味としてのバイク文化」、そして「自由」という価値をより明確にしていくため、ハーレーおよび、HDJは1998年にライフスタイルマーケティングという考え方を明確に打ち出していく。

ライフスタイルマーケティングの基本理念は「すべてを楽しみにする」ことである。ハーレーをコアに自分としてのライフスタイルを楽しみ、その活動を通してハーレーの「自己表現」という存在意義を感じてもらおうという考え方である。

H.O.G. の活動を通じてバイク市場におけるシェアは回復し、急速に成長するアジアの需要を背景に世界のオートバイ市場は急速に成長していった。オートバイの生産台数は74年には1，000万台を超え、82年には1，500万台近くに達した。80年代後半には世界的な不況によって需要が低迷したものの、急テンポで成長するアジアの需要を背景に、95年には2，000万台を突破し、2001年には2，500万台の規模まで拡大した。

一方で、日本のオートバイ市場は80年代から低迷の一途を辿っていた。ホンダとヤマハの市場競争による値下げ合戦

や、経済発展に伴う四輪自動車への需要シフト、そして軽自動車の普及などを背景に、オートバイが輸送と趣味の両側面から存在意義を見失い始め、82年の329万台の出荷台数をピークに、2000年には78万台とピーク時の4分の1まで減少してしまった。

そのような環境の中で91年にHDJの社長に就任した奥井氏は、当時を「巨象に囲まれた蟻」だったと表現している。ホンダ、ヤマハ、スズキ、カワサキの4社に対して企業規模、価格差で圧倒的に不利な状況の中で、機能や価格差での競争を目指したマーケティングを展開していくことは現実的に難しい。そこで、ハーレーの商品特性や、ハーレーを購入してくれる顧客の購買目的、95%以上が趣味のバイクとして購買してくれることを見つめ直し、サービスレジャー産業としてのハーレーの新たな需要を創造すべく、「お客様に喜んでいただけるマーケティング」を展開していった。

ライフスタイルマーケティングと呼ばれたこの考え方の基本理念は「すべてを楽しみにする」こと。サービスレジャー産業では当たり前の考え方であるが、実用性や効率性を重視するバイク産業においてこの考え方は、ハーレーというカルチュラル・カンパニーだからこそできた考え方だった。

有形・無形、さまざまな価値からハーレーをコアにしたライフスタイルを楽しむために、「すべてを楽しみにする」とはいえ、ハーレーをコアとする楽しみ方は顧客の数だけ存在する。また多様な顧客それぞれの楽しみを一過性のもので終わらせず、不易流行の精神に基づいて、新しい楽しみ方を常に提案し続けていくことが「レジャーとしてのバイク」には必要不可欠である。

HDJでは、冒頭で述べた『ハーレーを通じた10の楽しみ』(知る、乗る、創る、選ぶ、競う、出会う、装う、愛でる、海外交流、満足)として顧客の楽しみ方を整理。各種イベントなどを通じて、これまでの抽象的な「個々人の楽しみ」ではなく、「ハーレーを通じて見つかる楽しみ」を分かりやすく訴求していった。

この時点でハーレーは、単なる「自由の象徴」から「自分らしさの象徴」となった。

HDJが毎年開催するイベントには、カップル、子ども連れ、女性など、従来のオートバイのイベントでは考えられない参加者が目立つという。

老若男女すべてを念頭に置いたプログラムが用意され、しかも毎年新しい内容が追加されることで、何度もリピートをするようになる。たとえば、女性を対象にしたヘアサロンなどのプログラムも展開されたり、花火や夜のイルミネーションパレードなども実施される。さまざまなプログラムを通じて「ハーレーを通じた楽しい時間」が顧客を問わず実現され、こうしたイベントの感動体験が新規需要を喚起し、既存オーナーに文化をさらに定着させる作用を果たしている。ハーレーのある生活を通じて「自分らしい楽しみが見つかること」。ＨＤＪが提案したライフスタイルマーケティングはカルチュラル・カンパニーとしてのハーレーをより拡大し、顧客との絆を強固なものにすることに成功したといえる。

Ⅲ．カルチュラル・カンパニーとしての「ハーレーダビッドソン」の特徴

前述したように１００年以上の長い歴史を持つハーレーの変遷をみると、明るい話題だけでなく、ＡＭＦの一部門となった時代や（本体のロゴにもＡＭＦハーレーダビッドソンと刻印された）、市場環境の変化などに大きな影響を受けた時期もある。

しかし、そのような中でもハーレーはコアなファンに支えられ続け、今日でも大型バイクの誰もが知るブランドとしてあり続け、また低迷する日本のバイク市場において20年以上成長し続けるブランドとして存在感を発揮している。

ハーレーのカルチュラル・カンパニーとしての要素を分解すると、カルチャーをつかむための思想は創業当初から一貫して、「効率性」を仮想敵にしながら、モーターライフサイクルによる「走る楽しみ」の追求を行っている。それが、１００年以上にわたって、顧客から愛される企業の原動力となり、ハーレーオーナーにとっては「楽しくないハーレーはハーレーではない」という共通価値観を醸成するに至っている。

もちろんハーレー自体が移動・輸送手段として優れていないわけではない。ハーレーの長い歴史を紐解くと、１９３

図表４－１　ハーレーのカルチュアルスケッチ

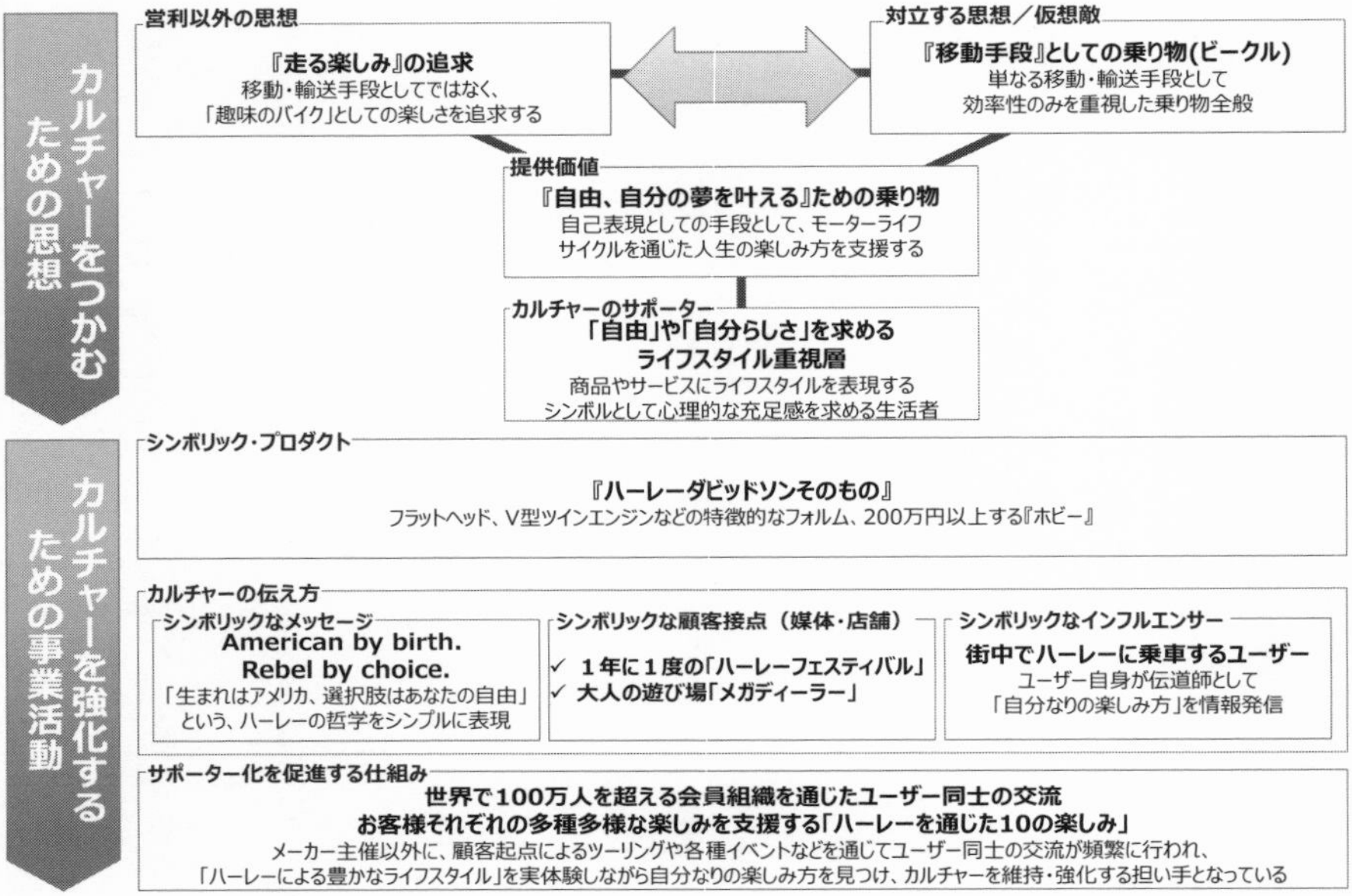
カルチャーをつかむための思想
営利以外の思想
『走る楽しみ』の追求
移動・輸送手段としてではなく、
「趣味のバイク」としての楽しさを追求する
対立する思想／仮想敵
『移動手段』としての乗り物(ビークル)
単なる移動・輸送手段として
効率性のみを重視した乗り物全般
提供価値
『自由、自分の夢を叶える』ための乗り物
自己表現としての手段として、モーターライフ
サイクルを通じた人生の楽しみ方を支援する
カルチャーのサポーター
「自由」や「自分らしさ」を求める
ライフスタイル重視層
商品やサービスにライフスタイルを表現する
シンボルとして心理的な充足感を求める生活者
カルチャーを強化するための事業活動
シンボリック・プロダクト
『ハーレーダビッドソンそのもの』
フラットヘッド、V型ツインエンジンなどの特徴的なフォルム、200万円以上する『ホビー』
カルチャーの伝え方
シンボリックなメッセージ
American by birth.
Rebel by choice.
「生まれはアメリカ、選択肢はあなたの自由」
という、ハーレーの哲学をシンプルに表現
シンボリックな顧客接点（媒体・店舗）
✓ 1年に1度の「ハーレーフェスティバル」
✓ 大人の遊び場「メガディーラー」
シンボリックなインフルエンサー
街中でハーレーに乗車するユーザー
ユーザー自身が伝道師として
「自分なりの楽しみ方」を情報発信
サポーター化を促進する仕組み
世界で100万人を超える会員組織を通じたユーザー同士の交流
お客様それぞれの多種多様な楽しみを支援する「ハーレーを通じた10の楽しみ」
メーカー主催以外に、顧客起点によるツーリングや各種イベントなどを通じてユーザー同士の交流が頻繁に行われ、
「ハーレーによる豊かなライフスタイル」を実体験しながら自分なりの楽しみ方を見つけ、カルチャーを維持・強化する担い手となっている

０年代の大恐慌の時代には、一般ユーザーだけでなく警察向けに納車を行いＢｔｏＢ市場を開拓したり、２度の大戦では軍に提供するなど、耐久性や移動手段としても評価されている。

しかし、ハーレーがハーレーオーナーに訴える思想は一貫して、自由主義に基づいた「抑圧された社会や価値観からの解放」や「自分らしさ」といった『FREEDOM』というメッセージであり、それが時代によってオーナーそれぞれの「自由」や「自分の夢を叶える」という共感につながっている。

たとえば、ある時代ではハーレーとは、戦争や抑圧された社会に対する、体制に縛られず自分らしい生き方を体現する「反体制」の象徴であり、また、ある時代では、ハーレーとは、無機質的な効率化を重視する高度経済成長に対する、エンジンの躍動を感じながら「どこまでも自由に、自分を連れていってくれる」の象徴であり、そしてある時代では、ハーレーとは、燃費や価格といった効率性を重視したバイクに対する、自分らしい楽しみを通じて、仲間と交流し人生を楽しむことができる「自己表現手段」の象徴であった。

このような、思想や仮想敵は不変でありつつも、時代時代に応じて提供価値である「自由」の解釈が拡張され、ハーレーオーナーに受け入れられてきたことが、ハーレーのカルチュラル・カンパニーとしての特徴といえる。

さらにH. O. G.や、ライフスタイルマーケティングによる「ハーレーを通じた10の楽しみ」もカルチャーを強化するための活動として重要な取り組みである。ハーレーの思想に共感した人々が、コミュニティを通じた持続的な体験によって、個人の中での文化のさらなる根付きと、多くの人々への文化の広がりを可能としている。

このように各時代で人々の「自由に走る楽しみ」に応え、ユーザーとともに進化と深化を実現してきたことが、ハーレーのカルチュラル・カンパニーとしての特徴である。

【参考文献】

Aaker, D. A. (1991) *Managing Brand Equity: Captalizing on the value of brand name.*, The Free Pres. Inc（陶山計介・尾崎久仁博・中田善啓・小林哲『ブランド・エクイティ戦略：競争優位をつくりだす名前、シンボル、スローガン』ダイヤモンド社、１９９４年）

Brannen, D. E. et al (2012) “HARLEY-DAVIDSON”, *Journal of Applied Case Research* Vol.10 No. 1,. Augusta State University

Schouten, J. W. and McAlexander, J. H. (1995) “Subcultures of Consumption: An Ethnography of the New Bikers” *Journal of Consumer Research,* Vol.95 (22), pp.43-61.

Schembri, S. (2009) “Reframing brand experience: The experiential meaning of Harley–Davidson”, *Journal of Business Research*

Teerlink, R and Ozley, L (2000) “More Than a Motorcycle: The Leadership Journey at Harley-Davidson”, Harvard Business School Press（伊豆原弓訳『ハーレーダビッドソン 経営再生への道』翔泳社、２００１年）

牧田正一路（2003）『ハーレーダビッドソン ライフスタイル・マーケティング』東洋経済新報社

奥井俊史（2008）『ハーレーダビッドソンジャパン実践営業革新』ファーストプレス

奥井俊史（2008）『巨象に勝ったハーレーダビッドソンジャパンの信念』丸善

奥井俊史（2009）『日本発ハーレーダビッドソンがめざした顧客との「絆」づくり』ファーストプレス

栗木　契（2002）「ブランド力とはなにか：ブランドマネジメントのデザインのために」『季刊マーケティングジャーナル』

福島秀隆（2013）「ブランド・コミュニティの形成・維持・発展と企業アプローチに関する一考察」『商大ビジネスレビュー』
山城慶晃（2017）『流通系列化における表と裏のマネジメント―ハーレーダビッドソンジャパンの事例―』東京大学ものづくり経営研究センター
https://www.harley-davidson.com/us/en/museum/explore/hd-timeline.html
https://finance.yahoo.com/news/harley-davidson-100-history-case-142903621.html
The History Chennel "The Story of the Haelry-Davidson" (1998)

鈴木雅陽

第5章

カルチャーで、ビジネスを成功させた事例：良品計画

Ⅰ．企業概要

「無印良品」というカルチャー

「無印良品」を知らないという日本人は少ないだろう。それほどに日本に根付いており、日用品・雑貨、食品、服飾など日常のさまざまな面で、日本人の暮らしに浸透している。さらには、海外でも「ＭＵＪＩ」のブランド名で展開しており、その海外店舗はアジアだけでなく、欧米・中東まで含めて、２０１７年2月時点で４００店を超える。文字どおり日本を代表するグローバルブランドの1つとして成功しているといえるだろう。

だが、その原点が西友ストアーの単なるプライベートブランドの1つだったということは意外と知られていないのではないか。もともと無印良品は、西武百貨店やスーパーの西友を中心とした西武流通グループ（のちにセゾングループへ改称）の代表、堤清二氏が生みの親だ。戦後の高度経済成長を背景に、西武百貨店やファッションビル「パルコ」、西友も業績を拡大していった時代だった。しかし、１９７３年、１９７9年の2度のオイルショックを経て、日本の高度経済成長が終焉を迎える。石油価格の上昇に伴う急激な物価上昇を背景に、消費は一気に低迷し、１９７４年には戦後初となる国内総生産（ＧＤＰ）が対前年でマイナス成長となった。節約志向が顕著になった生活者が、日常品の買い物を抑える中、食料品を中心に、メーカーが製造したいわゆるナショナルブランド（ＮＢ）に対して、小売業が価格・商品仕様を企画し、メーカーに製造を委託するプライベートブランド（以下、ＰＢ）の需要が高まった。１９７8年にダイエーから「ノーブランド」が発売され、79年にはニチイやイトーヨーカ堂も追従するなど広がった。この市場環境において、ＰＢの開発に立ち遅れていたのが、西友であった。当時、ダイエーの「ノーブランド商品」に顕著であったように、時代を席巻していたＰＢは、パッケージ面での30％前後のコストダウンが中心で、実際には中身はメーカーのＮＢと同じものであった。一方、西友を率いる堤清二氏が意図していたのは、小売主体の品質の良い独自開発であった。

『安かろう、悪かろう』は駄目だ。それから、ダイエー、イトーヨーカ堂と同じようなものを作ったら『まねのまね』だからやるな。もっと頭をひねって、面白くて、ためになるものを。モノづくりでは悪かろうではなくて、工夫したもので、値段も安いものを作れ

この模索の過程で1980年に生まれたのが「無印＝ノーブランド」でありながら質も伴う「良品」であるPB「無印良品」であった。発売当時の商品ラインナップは、生活雑貨9点、食品31点、合計40点という小規模でのスタートであった。それが今では、順調に事業規模を成長させ、2017年2月時点では、アイテム数は7，929点にまで拡大（図表5－1）。1993年時点では、連結売上高（良品計画の決算発表では連結営業収益）が約136億円、連結営業利益5億円だった事業規模が、2017年2月にはそれぞれ3，333億円、383億円に拡大している（図表5－2）。

「無印良品／MUJI」が、日本発のグローバル企業としてこれほどの成功を収めた理由については、その商品開発力の高さや徹底した業務オペレーションの仕組み化などに要因を見いだす分析も数多くなされている。しかし、西友ストアーの単なるPBでしかなかった無印良品が、これほど日本国内外の暮らしに浸透していった背景には、企業努力以外に生活者側が受け入れる土壌としてのカルチャーを持っていたのではないか。創業の時に込められた無印良品でしか持ちえなかったカルチャーを、時代の背景と込められた思想を合わせて読み解いていきたい。さらに、1980年代、1990年代、2000年代、2010年代にわたって、景気や新たな競合など市場環境の変化が壁となっても、その都度カルチャーをつかみ直して、さらなる発展につなげていった工夫がうかがえる。「無印良品／MUJI」が広まっていく背景を、企業努力としての「カルチャーのつかみ方」に着目して分析していきたい。

図表５－１　カテゴリー別商品ラインナップ数

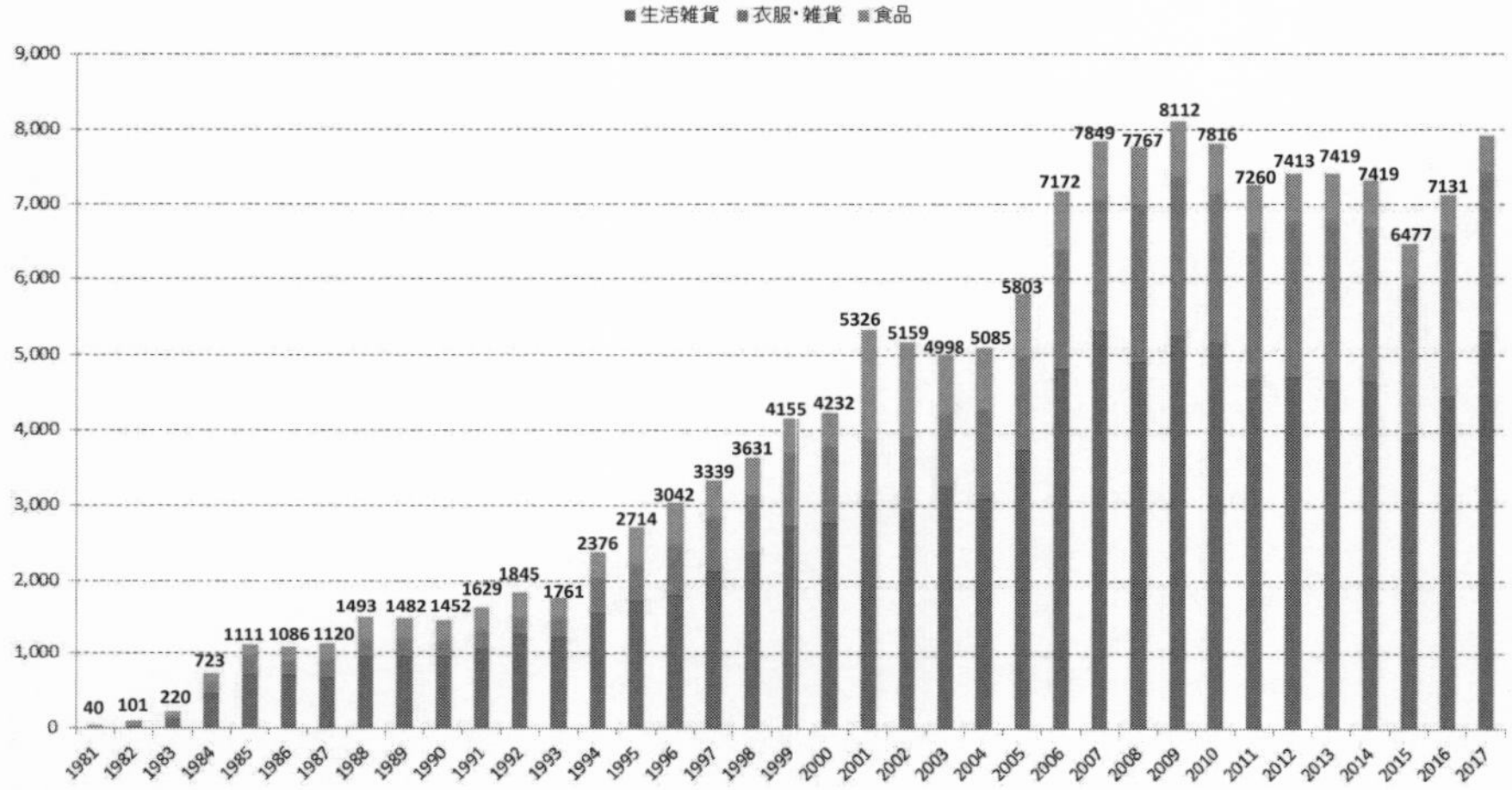

出所：良品計画ウェブサイトに基づき著者作成

図表５－２　良品計画の営業収益（売上高）・営業利益　時系列推移

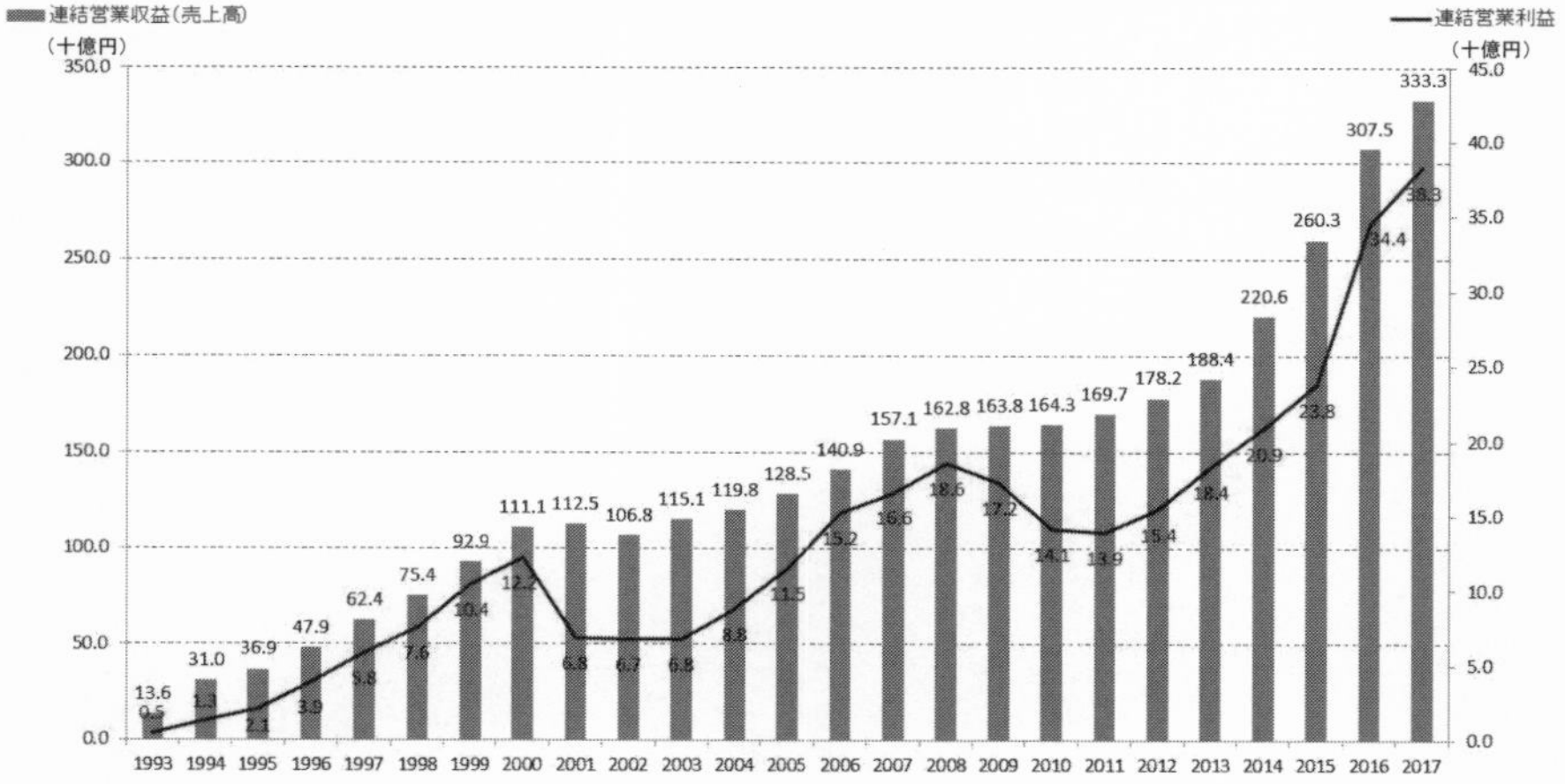

出所：良品計画ウェブサイトに基づき著者作成

Ⅱ．カルチャー戦略の変遷

1．「無印良品」の創生：1980年代

無印良品が生まれた思想を知るために、生みの親である堤清二氏の思想、その時代背景を見ていこう。

無印良品が産声を上げた1980年に至る前、日本経済は長期にわたる高度経済成長を謳歌していた。この高度経済成長の中で、無印良品を生み出した堤清二氏は、西武鉄道を中心とする現西武グループとは異なる小売・流通事業を担う西武流通グループを率いていた。西武百貨店の発展は、堤清二氏の思想と手腕にあった。堤氏には、「長く続いた戦争と節約と禁欲生活で軍閥に強いられて、日本の消費者は感覚的に偏っている」という問題意識があった。その問題への対処として、「海外のものを持ち込むことで、感覚を解放する」という取り組みを西武百貨店において実践した。1960年代、新興百貨店であった西武百貨店に対して国内の問屋が相手にせず商品ラインナップに弱みがあった中、堤氏はパリに出張所を出し、エルメスやイヴ・サンローラン、ルイ・ヴィトンなどの欧州ブランド50社と代理店契約を結び、日本に導入していった。新しい時代の新しい文化を日本にもたらしたのである。さらには1975年には、西武百貨店池袋本店内に西武美術館（のちのセゾン美術館）を立ち上げた。マルセル・デュシャンやパウル・クレーなど20世紀の前衛芸術を中心に日本に全く新しいアートのあり方を提示したのである。この時期、西武百貨店はまさに日本の消費社会の最先端をリードしていた。

一方で、この西武百貨店の成功を広げるべく、小型店展開をしたのがスーパーマーケットの西友である（当時は西友ストアー）。単なる食品スーパーではなく、食品と非食品のアイテム比率を50％ずつという方針で、衣料品も扱う「総合スーパー」という業態を確立していった。ダイエーやイトーヨーカ堂など競合総合スーパーも成長していく中、西友は大量の商品を安価に提供することを目指す量販店ではなく、西武百貨店ならではの時代感覚を生かし、かつ品質の高い商品ラインナップを旨とする、「質販店」を標榜し差別化していた。西武百貨店、西友などの小売・流通事業が、高

度経済成長期の消費社会を形づくっていったともいえるだろう。

こうした成功の中で堤氏は、消費のありように疑問を持つに至った。それは、消費し、物質的に豊かになることでは人々は幸せにはなれないのではないか、という気づきであった。人々がブランドでモノの価値を判断するようになり、同じセーターに『イッセイミヤケ』とか『イヴ・サンローラン』というラベルを貼るだけで、2割も高く売れるような消費が当たり前になってしまったのだ。良かれと思い消費者の感覚解放に向けた欧米高級ブランドの輸入が却って、消費者の自分自身でモノの善し悪しを判断する力を奪ってしまったといえる。堤氏は、消費者が本当の自分自身の選択で消費できない状況に陥ってしまったことに対して罪悪感を感じていたという。

堤氏の思想的葛藤とともに、1970年代に入りオイルショックが日本を襲う。消費が低迷していく中で、生活防衛意識が高まり経済合理性を追求する姿勢が消費者の中で育まれていった。それまでの、より多くのモノがあれば良い、という単純な消費志向から、より自分に必要とするものを精査していくように変わってきたのだ。そうした消費の変化を受けて、PB商品への生活者の期待感は大きかった。ただし、安くとも、品質が悪く結果として不要な商品を求めていたわけではない。品質を落とさず、無駄を省いて、リーズナブルな価格を実現してくれるPB商品が期待されていたのだ。ダイエーPB「ノーブランド商品」に対抗するべく、西友も独自のPBを模索していたが、その糸口はお客様の声にあった。当時の西友のメイン顧客であった主婦の意見をヒアリングしたところ、企業側が思っていたよりも、商品のムダを嫌っていることが分かった。たとえば、形を整えるためにマッシュルームのカサの端を切り落とし、鮭も頭と尾を切り落としていた。割れた椎茸もわざわざ取り除いていた。品質に変わりはないにもかかわらず、見栄えを良くするために手間をかけていたのだ。企業としてはJAS規格に従って見栄えも含めて安定した品質を担保していたのだが、そのムダを省いて値段を安くしたり、容量を増やすことのほうが求められていた。お客様が求める良い品質の商品を、一時的な特売ではなく「構造的な廉価商品」として提供すること、これが無印良品に求められていた特徴であった。「構造的な廉価商品」を生み出すうえで3つの方法論＝「安さのわけ」が考案された。

1つ目のわけは「素材の選択」である。海外にも目を向けて、品質が良く、より安い原料の取得ルートを開拓するという手法で、たとえば、クラフト再生紙を利用した紙コップ、裁断して残ってしまうU字型の部分だけのスパゲッティ、頭や尾に近い部分を活用したフレーク鮭水煮などが開発された。

2つ目のわけは「工程の点検」である。選別や見栄えを良くするための工程を省くなど、製造過程を再点検するという手法で、しわ伸ばしの工程を省略したかんぴょう・ゴムひも・パンスト、選別工程を省いた割れ椎茸、染色や晒しの工程を省いた生成り衣料品などが考案された。

3つ目のわけは「包装の簡略化」。数をまとめてひと包みにしたり、包装印刷を簡略化するという手法であった。布団カバーを使うことを想定して布地へのプリントをしない生成りのままの「ヌード布団」、共通ボトルで経費の節減をしたシャンプーなどがこれに当たる。

これら3つのわけを軸に、消費者の立場に立ち、既存商品の見直しを図り、原材料や生産の段階まで踏み込んだ商品仕様を考えたのである。開発対象商品は「日常生活基礎商品で、過剰サービスを必要としない商品」「安い理由が納得いくものであり、それを明記できる商品」、そして「ＮＢの25～30％引きの安価で、安定供給が可能な商品」という3つの条件を満たすものが選ばれた。

こうした現在の無印良品へとつながるＰＢの骨格が商品開発担当者から堤氏に報告されたとき、その評価がその後の方向性を決定付けたといえるだろう。

> これはね、華美に流れる世の中に対してのアンチテーゼだよ。だからいい。これは問題提起なんだよ。アンチテーゼだからいいんだ。

堤氏は、自身が抱えていた問題意識への解答として、無印良品を見いだした。そして、無印良品の定義として使う「反体制商品」として位置付けた。ここでの「体制」とは、当時の消費社会の背景となるもので、1つは豊かなアメリカ的消費社会生活、つまり便利性や浪費性・贅沢性を追い求める体制であり、もう1つは当時興隆していたファッション性を追い求める体制を意味する。この2つの体制、すなわち消費社会のアンチテーゼとなる商品が、反体制商品であり無印良品であったのだ。だが、単なるアンチテーゼでは、批判のための批判にしかならない。堤氏が無印良品を通じて提起したメッセージは何か。それは「消費者の自立」であるという。堤氏の中でのブランド輸入による罪への解は、それぞれの消費者が「これならば食べたい、こちらは食べたくない、この洋服は着たい、あのスカーフは使いたくない。」という「ブランドに惑わされず、自立して好きな商品を好きに選ぶこと」を促すことであった。そしてその解は究極的には社会を変えるという意義にもつながっていく。堤氏は、「消費者として自立することは、社会を構成する人間として自立することにつながる、そういう思想があったことは事実ですね。」という言葉を残している。

堤氏の問題意識とその解答としての無印良品は、非常に興味深い。まさに、戦後の大きな価値観潮流である、物質主義から脱物質主義への流れに沿っているとも読み取れる。「体制」こそが物質的な豊かさを追い求めるアメリカ的な消費社会であり物質主義的カルチャーの象徴である一方、その体制へのアンチテーゼとして消費者が自身の目で本当に求めるものを選べるように商品本来の機能と品質を訴求する無印良品が脱物質主義の象徴ともいえる。

食品を始め、家庭用品、衣料品の企画書や商品リストとともに思想としての骨子が固まりつつあった中、西武流通グループのアドバイザーとのコンセプトやネーミングの検討も始まった。集まったアドバイザー陣は、アートディレクターの田中一光氏、クリエイティブディレクターの小池一子氏、コピーライターの日暮真三氏、グラフィックデザイナーの麹谷宏氏らであった。特に、田中一光氏と小池一子氏は無印良品の立ち上げ後もアドバイザーとして深く関わっていくことになる。

田中一光氏は、「NBと同質の表情を持たせながら、いかに差異を持たせるか」というNBを意識したPBのあり方に疑問を抱いていた。NBとの同質性を意識せず、「正当なものの価値を伝えることで、消費者にいちばん適切な価格を提供していく」というコンセプトがアドバイザーから提示され、そこからネーミングが話し合われた。まず、PBすなわち「ノーブランド」を日本語で表現することから始まり、『無印』という言葉に辿りついた。そこから、商品とは、英語で『Goods』。この単語には『良い＝Good』を含むことから、『良い品』という言葉に至り、この2つをつなげた、日本ならではの四文字熟語『無印良品』が第一候補として生まれたのだ。アートディレクターとして無印良品にかかわり続けた田中一光氏は、のちに無印良品を次のように振り返っている。

1980年の日本は、資本の論理が優先され、「売るため」にモノが本質から離れていた時代。無印良品は、そのような状況への批評を内側に含むものとして、「無印」という立場に「良品」という価値観をつけて誕生した概念である。

無印良品とは「思想」であり、「ライフスタイル」である。世の中がだんだん爛熟飽食になってくればくるほど、無印良品の「はっきりとした思想」が生きてくるといえるだろう。

「無印良品」の創生に携わった田中一光氏も、単なる1つのPBの開発ではなく、ひとつの思想、ひとつの生き方の提示として「無印良品」を位置付けていたと分かる。カルチャーとは価値観・行動様式であるとすれば、まさにここでの『「思想」であり、「ライフスタイル」である』という言葉は、無印良品がカルチャーとして生み出されたといえるだろう。デザイナーが関わっていたから、商品のデザインが良いから、オシャレだから、カルチャーとして成立するのではない。生活者に受容される一つの価値観・ライフスタイルであるからこそ、カルチャーとして成立するのである。

だが、こうした思想・ライフスタイルも、消費者にその価値が伝わらなければ意味がない。小池一子氏らを中心にコピーが検討された。お客様に伝わりやすい要素としてはPBの安さではあるが、その安さの生み出し方が先行する他社のPBとは違う。3つの「わけ」があるからこそ、品質が良いにもかかわらず安さを実現できるのだ。無印良品の商品を形づくる「わけ」を訴求するべく、「わけあって、安い。」という有名なコピーが生まれた。

さらに、商品ごとの廉価な「わけ」を明確にすることで、生活者に理解してもらうための商品コピーがパッケージに記載されることになった。たとえば、「フリーズドライ　インスタント・コーヒー」には次のような「わけ」が再生紙で作成されたラベルに記載されていた。「粒のこわれを防ぐ工程をはぶきました。粒は不ぞろいですが、風味は上々です。」この「わけ」をお客様に伝えるラベルは現在でも続いている。

こうして、1980年12月に無印良品は、「わけあって、安い。」というコピーとともに、40アイテムからスタートした。当初は、独立した店舗をもたず、西友ストアー全店や西武百貨店11店など西武流通グループの主要店舗における「無印良品コーナー」として販売を開始した。初年度は、売上目標の30億円を大きく超える、55億円もの実績を上げた。

この成功をさらに飛躍させたのが3年後の1983年の青山店オープンであった。堤氏の指示で、東京の中でも最先端な街に無印良品の専門店を作ることが企画されたのだ。青山はクリエイティブな人材が集まる場所で、世界のファッショントレンド・エリア、最先端のブランド店が点在する街でもあり、この街に敢えてノーブランドを掲げる無印良品の専門店をオープンする姿勢が反体制を象徴しており、「無印良品のイメージを創る専門店」として機能することが見込まれた。

一方、専門店として展開するとなると相応の商品ラインナップが必要になる。約100㎡の店舗を埋めるためにさまざまな商品が開発された。代表的な商品では、「しゃけは全身しゃけなんだ。」の商品コピーで知られるフレーク鮭水煮、ワッペンを別売りにし自由に工夫できるようにしたベビー無地よだれ掛け、生成りの風合いを生かした縄柄セーターやネルシャツ、自由に組み合わせられる木製ユニット家具や紙管ラック、そして、当時の大ヒット商品となった自転車。ハンドルやボディー、ブレーキなど自転車が安全に走れる基本機能だけに絞ったシンプルなデザインが受け入れられた。

商品ラインナップの拡充が進んだ1983年6月、直営1号店として青山店がオープンした。内装は杉本貴志氏がアドバイザーとなった。青山店は無印良品のコンセプトを象徴する店舗設計であった。外壁は明治時代の古煉瓦、店内の床や棚には信州の古材を再利用し、内装の壁や天井はコンクリート打ちっぱなし、パイプやダクトもむき出しのままといった仕様は、素材そのものを大事にする方針が反映されている。こうした素材感の1つひとつが無印良品のアイデンティティ形成に役立ったと田中一光氏も評価している。

青山店のイメージをベースとして、西友・西武百貨店内でのインショップ体制、路面店展開を本格的に進めることが決定した。1983年には150億円、1984年には300億円と業績は倍増し、事業は順調に拡大していった。これまで衣・食・住の売場ごとに分散していた無印良品を1つの売場にまとめ、青山店のイメージを導入することで、今までのコーナー展開よりは売上が数倍以上に伸びた。

この売上増加効果について、田中一光氏が1986年頃に次のように考察している。

> 無印良品も初期の頃は、食品は食品売場、衣料品は衣料品売場で分割されていた。しかし、今日のように無印良品の全領域で括られてくると、その思想に共鳴した人のみがその中に入ってきて、食品を買う目的で来店したお客が、「衣料品も面白いじゃないか」と思って買って帰る現象が散見されるようになった。すなわち、商品のフィジカルな面だけではなくて、その背後にある思想を愛用するというような方向に向かっていったように思われる。（中略）
> 幸い、この飾らないという思想に対して知的感性に富む人たちの応援が非常に多くなった。（中略）近代文明に対するひとつのレジスタンスとして、無印良品のような商品が生まれてきたわけであるから、それに共鳴する人はたぶん世界中にいると思う。

それまで、商品ごとに消費者が購入を判断していた状況から、無印良品の幅広い、しかし一貫したコンセプトで統一されたラインナップを目の前にしたときについで買いを誘発し、結果として顧客一人当たりの購入単価が上がったということだろう。また、1つの統一した店舗空間としてお客様の目に触れることで、より興味を喚起し来店者自体も増やす効果があっただろう。こうして無印良品の思想がより明確に、具体的なイメージを伴ってきたことで、その思想に共鳴する人が増えていった。

これらのお客様はどのような人だったのだろうか。1985年に当時展開していた23店舗での購入者3,115名のお客様アンケートの分析結果が残っている。それによると、全体の約8割が女性。20代中心の比較的若い年齢層で構成、20代が37%、30代が26%であり、平均年齢は33歳であった。夫婦と子供の核家族世帯が5割強で平均世帯年収は626万円。しかし、1,000万円以上の高所得者層も12%おり、単に低価格を求める消費者だけからの支持でなかったことはここからもうかがえる。

これらのお客様が持つ無印良品のイメージも分析されている。そこでは、お客様が単なる経済性以外にも良いイメージを持っていることが分かる。「無印良品」からすぐに思い浮かぶイメージでは、下記のような「コストパフォーマンス」「親近感」「シンプル」「ナチュラル」など商品そのものの特徴に直結するものが多かった。

- ●実用性、経済性、合理性、機能性など「コストパフォーマンス」イメージ
- ●気軽さ、生活感、親しみやすさなど「親近感」イメージ
- ●シンプル、飾り気がない、新鮮さなど「シンプル」イメージ
- ●自然、生成り、健康など「ナチュラル」イメージ

しかし、さらにグループインタビュー内での意見を深堀りすると、ムダを省いたシンプルさやナチュラルなイメージから昇華された「都会的なセンス・知性」というイメージや、思いやりやさしさなど「人間性」というイメージが、さらには、ふぞろいやわけあり、反流行といった観点から「アンチテーゼ」というイメージへも言及されている。これ

らは、まさに堤清二氏と田中一光氏が「無印良品の思想」と呼んだ側面であり、これらのイメージがお客様に共感されているからこそ、個々人が求める使用用途に応じた商品に限定されず、ライフスタイル全般の幅広い商品ラインナップが購入されているのだろう。このお客様分析結果は、奇しくも、田中一光氏の無印良品の成功に関する評価と一致しているといえるだろう。

●都会的、いま風、遊び心、知性、個性、スマート、文化など「都会的なセンス・知性」イメージ
●思いやり、やさしさ、人間尊重など「人間性」イメージ
●反流行、こだわり、ふぞろい、わけありなど「アンチテーゼ」イメージ

この当時の無印良品のお客様分析での結論としては、「無印良品購入者は、既存ブランドへの執着は薄く、商品知識が豊富で、新しいものを自分なりに取り入れる目を持った20～30代の女性層であり、無印良品のわけを理解し、無印良品を新ブランドとして受容しうる経済合理性意識の強い層」として、まとめられていた。無印良品は、単なるPBとしての位置付けを超え逆説的ではあるものの、新たなブランドとして生活者に浸透していった。立ち上げの10年間はまさに大成功といえるだろう。

無印良品がここまで生活者に受け入れられた要因を堤氏は次の3点に要約している。

「無印良品とはいったい何なのか。（中略）第1は思想性（反マスプロ、反寡占メーカーといったいわば反体制商品）、第2はイメージ形成力（カラー、デザイン、パッケージなどの統一性、一貫性）、第3は経済性（価格の安さ）にある。（中略）この3つのどの要素が欠けても無印良品は成り立たない。」

図表５－３　1980年代の無印良品のカルチュラル・スケッチ

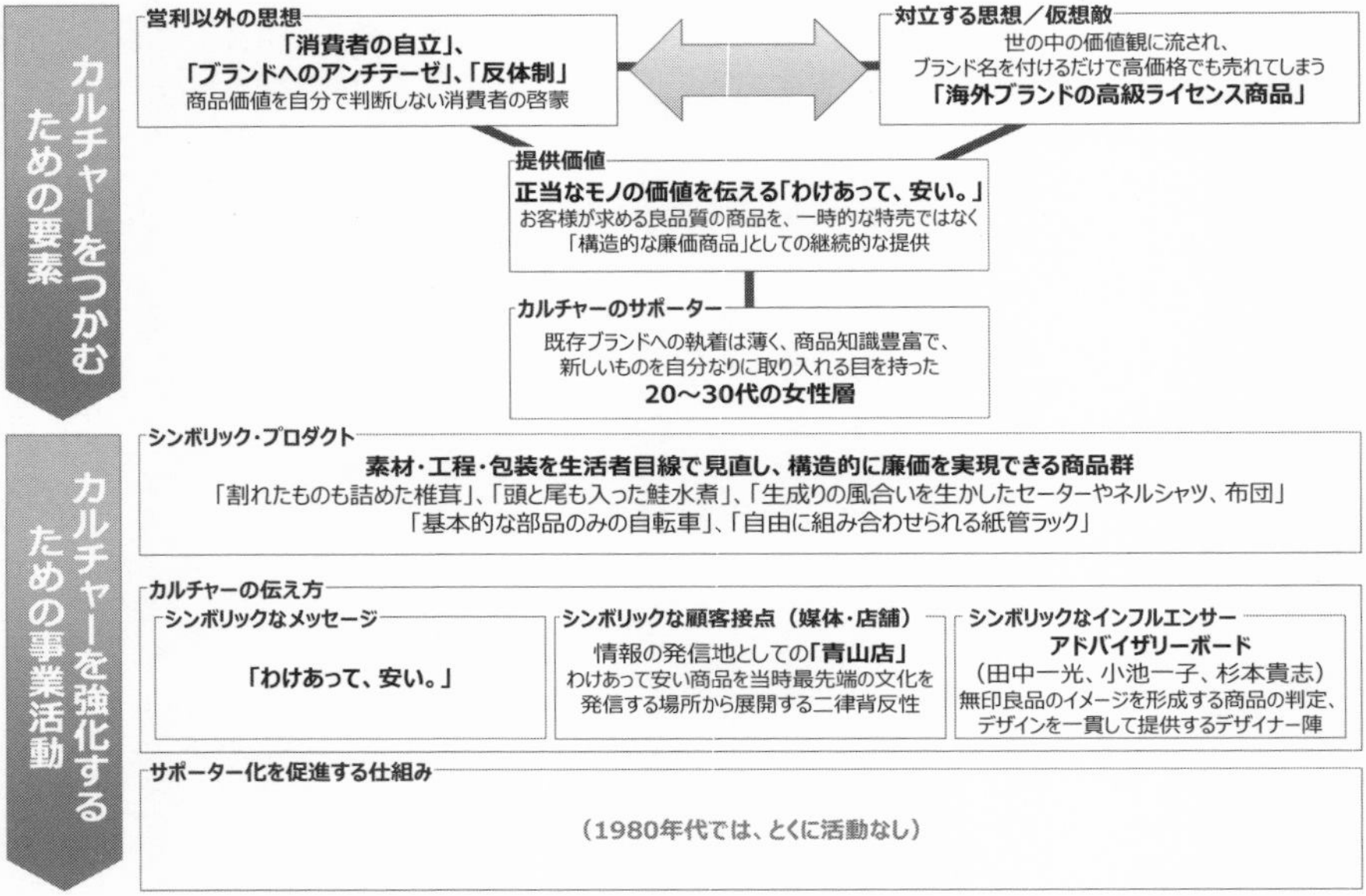

出所：著者作成

価値観としての「思想性」が第一に重要な要素であり、そのイメージを生活者に感じてもらうための「イメージ形成力」、そして広く生活に取り入れてもらうための「経済性」、この3点のうち前半の2つはまさにカルチャーを形成する要因ともいえるだろう。このカルチャーとしての思想を背景に、無印良品はさまざまなカテゴリーのヒット商品を生み出していった。特に、売上高に貢献したのは、生成りのカシミアセーターなど現地からの直仕入れの衣料品だろう。中国新疆ウイグル自治区の非常に肌ざわりの良いカシミアを染色せず生成りのセーターに加工することで、過度な色の氾濫に飽きたファッション感度の高い若い層に新鮮に映った。カシミア、キャメル、アルパカなどにも素材を広げた結果、こうした新たな衣料品の生産量は加速度的に増え、月の20日頃には当月の販売予算を達成するほどの大ブレークになっていた。

　無印良品が拡大していくことに自信を持った堤清二氏は、1985年には西友内に無印良品事業部を立ち上げ、1989年には「株式会社良品計画」として、独立子会社へと昇格させていった。

1990年代は、独立した会社としてどのように「無印良品」が拡大していったかを追っていきたいと思う。

2.「無印良品」の拡大：1990年代

1990年代の10年間は、1989年を起点に拡大していったといえる。1989年6月に西友の無印良品事業部から独立し、株式会社良品計画が設立された。「巨大な西友の組織の1つとしてではなく、商品企画、開発、供給、小売までを一元管理し、生産性向上や業務のスピード運営を図る。」という組織・店舗の一元的な管理・運営によるスピード展開が独立の意図であった。その同じ年、この狙いを体現するかの如く、これまでにない大型路面店「無印良品 吉祥寺」を出店した。400㎡のこの店舗はこれまで以上の店舗規模となり、そのスペースを埋めるための商品開発が急ピッチで進められた。商品で埋められなかったスペースは「くつろぎラウンジ」として位置付け、サンドイッチなど軽食を食べ、ゆったりできるカフェとなった。この吉祥寺店の成功から大型路面店の標準型が生まれたのだ。

翌1990年には、466㎡の規模の「無印良品 三軒茶屋」を出店し、大型店の運営ノウハウと商品ラインナップを蓄積しつつ、1993年にさらには、「無印良品 青山3丁目」（574㎡）、「無印良品 ららぽーと」（1，190㎡）と店舗規模を拡大していった。

千葉のららぽーと店は、郊外型の大型実験店舗と位置付け、植木鉢や観葉植物といった室内インテリアや、バーベキュー用鉄板などのアウトドア商品など新しいカテゴリーを導入した。さらに、飲食コーナーも用意し、衣料品、家庭用品、食品などのアイテムを合わせて約3，000アイテムが陳列された。

一方の青山3丁目店は、「ライフスタイルが見える店」と位置付けられ、家具・雑貨など住空間関連の商品や家庭用品の品ぞろえを充実させた。1店舗の中で、寝具ならベッド、シーツ、枕カバーなどの単品がコーディネートされたシーンとして演出された。生活者が無印良品の多岐にわたる商品を自分の部屋で使いこなす様を無印良品のライフスタイルとして表現されているわけである。生活者が望む暮らしの姿を、大型店において明確にイメージできるようになったことで、生活者の強い支持を受けたのである。

その後、この大型店でのライフスタイル提案の流れは拡大していった。1994年には大型店舗展開のオペレーション基盤が確立され、毎年の大型店舗展開が可能になった。さらに、1995年8月には㈱良品計画が店頭市場公開し、それとともに「中期経営目標」が策定された。基本方針として「『ショップ』から『ストア』への発展」が掲げられ、「無印良品事業」をチェーンストア・オペレーションの質と規模を持つ事業へと発展させることが経営目標となった。店舗の大型化に伴い、店舗規模を基準にした管理体制に変わり、店舗での業務マニュアルとして導入されていた「MUJIGRAM」のさらなる作業の標準化が進められた。

この『ストア』への発展という方針に従って、1994年以降、下記のような大型店舗の出店ラッシュが続く。

1994年：無印良品 渋谷パルコ（826㎡）、無印良品 池袋西武（760㎡）
1995年：無印良品 港南台バーズ（859㎡）
1996年：無印良品 キャナルシティ博多（1,689㎡）
1997年：無印良品 広島ウィズワンダーランド（2,181㎡）無印良品 藤沢（2,109㎡）、丸井吉祥寺店 無印良品（1,421㎡）、無印良品 サンストリート亀戸（1,368㎡）
1998年：無印良品 港北東急（773㎡）、無印良品 ルミネ新宿（737㎡）
1999年：無印良品 国分寺（1,577㎡）、無印良品イオン倉敷（840㎡）

そして、大型店舗展開は、2000年3月の京都「無印良品 プラッツ近鉄」（3,365㎡）出店をもってピークを迎える。主要ターゲットとして設定していた団塊ジュニア世代が単身者、二人暮らし、カップル、リッチシングルなどライフスタイルが細分化した変化に対応し、衣服・雑貨809アイテム、生活雑貨3,086アイテム、食品1,431

アイテムの合計5，326アイテムを展開するに至った。ベーカリーカフェ「Café MUJI」や、食材の量り売りなど、業態も拡大していった。

続けざまの大型店舗展開を支える商品企画・開発は、常務以上で構成される「商品戦略委員会」で、半期に一度検討されていた。そのうえで、田中一光氏、小池一子氏、杉本貴志氏で構成されるアドバイザリーボードによる「商品判定会」で無印良品らしい商品であるかどうかを最終判定する、というプロセスが確立されていた。1990年代の商品開発で特徴的であったのは、ライフスタイル提案に欠かせない家具や家電の拡充だった。生活者の暮らしのシーンを提示するには、雑貨や衣料品、食品だけでは難しい。ブナ材ユニット家具、スチールユニットシェルフシリーズ、木製ユニットボックス家具シリーズ、脚付マットレスなど、現在も販売が続いている家具が1990年代に開発されている。1994年には、「家具について考えた無印良品。」というメッセージを発信していた。

さらに、家電も拡充していった。1995年に、高度化し複雑化した機能を本来の単純な機能へと見直した扱いやすく故障の少ない家庭電化製品8アイテムを一斉販売した。「ごくありふれていない家電。」というメッセージのもと、冷蔵庫、洗濯機、掃除機、オーブントースター、ジャー炊飯器など、日常で使う基本的な家電が販売された。このときから、現在にまで続く無印良品の家電の企画・開発が始まったのだ。その後も、オーブンレンジ、アルミペンダントライト、携帯用CDラジオなどが発売にこぎつけている。

重要なのは、これらが単なる家具・家電ではなく、アドバイザリーボードのデザイナー陣の判断のもと、無印良品らしい機能・デザイン・価格で統一されていることだ。それによって、単なる家具・家電を組み合わせたコーディネートではなく、無印良品らしいライフスタイルを店舗空間で提案することが可能になった。店舗で体感することができる無印良品らしいライフスタイルへの共感・支持があったからこそ、これだけの大型店舗の連続出店が実現したのだろう。

しかし、これだけの店舗の連続出店には、人材が必要となる。良品計画は、どのようにして人材を獲得していったのだろうか。その秘密も、「無印良品」というカルチャーにあった。

図表５－４　1990年代の無印良品のカルチュラル・スケッチ

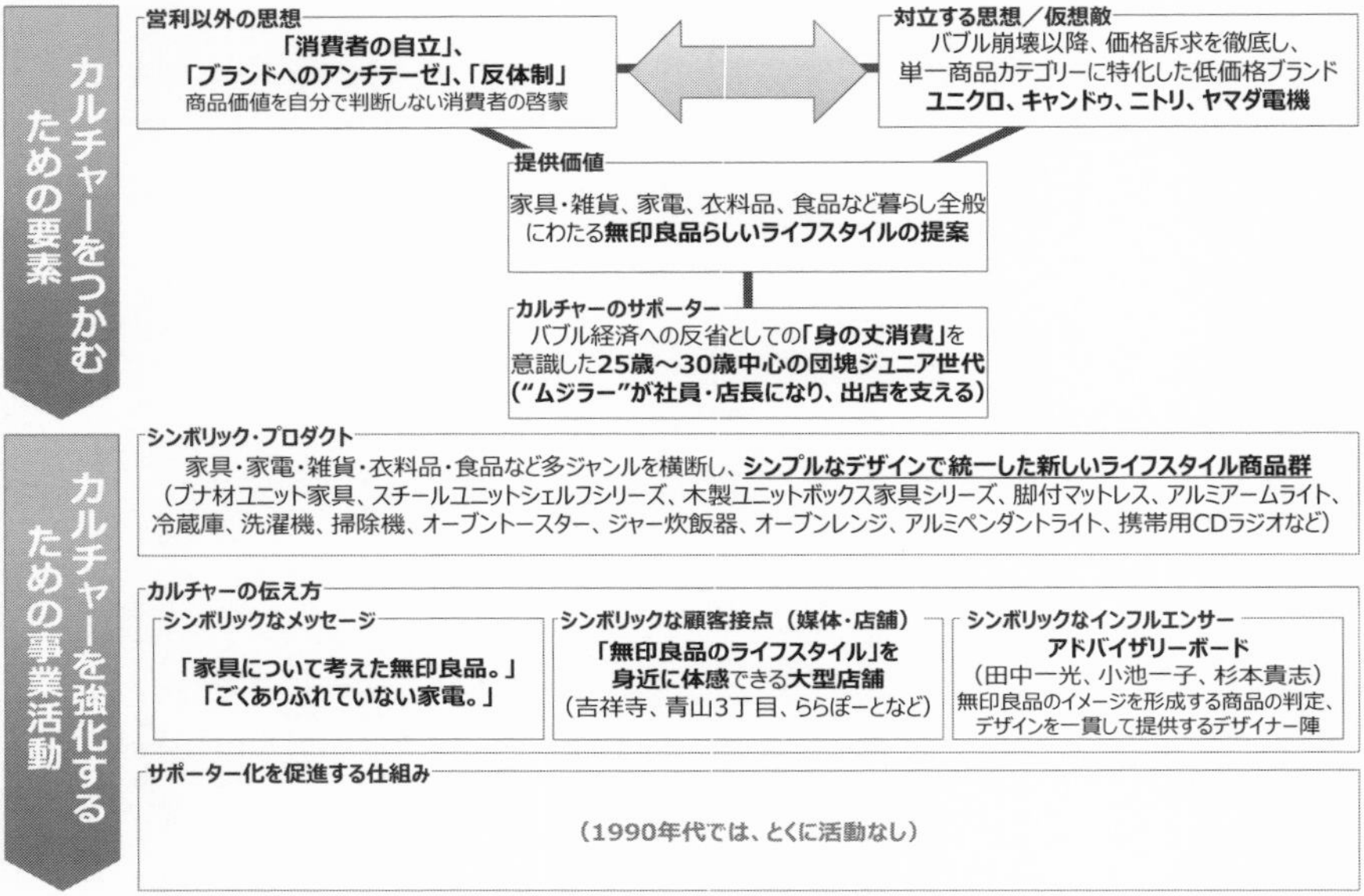

カルチャーをつかむための要素
営利以外の思想
「消費者の自立」、
「ブランドへのアンチテーゼ」、「反体制」
商品価値を自分で判断しない消費者の啓蒙
対立する思想／仮想敵
バブル崩壊以降、価格訴求を徹底し、
単一商品カテゴリーに特化した低価格ブランド
ユニクロ、キャンドゥ、ニトリ、ヤマダ電機
提供価値
家具・雑貨、家電、衣料品、食品など暮らし全般にわたる無印良品らしいライフスタイルの提案
カルチャーのサポーター
バブル経済への反省としての「身の丈消費」を
意識した25歳～30歳中心の団塊ジュニア世代
（“ムジラー”が社員・店長になり、出店を支える）
カルチャーを強化するための事業活動
シンボリック・プロダクト
家具・家電・雑貨・衣料品・食品など多ジャンルを横断し、シンプルなデザインで統一した新しいライフスタイル商品群
（ブナ材ユニット家具、スチールユニットシェルフシリーズ、木製ユニットボックス家具シリーズ、脚付マットレス、アルミアームライト、冷蔵庫、洗濯機、掃除機、オーブントースター、ジャー炊飯器、オーブンレンジ、アルミペンダントライト、携帯用CDラジオなど）
カルチャーの伝え方
シンボリックなメッセージ
「家具について考えた無印良品。」
「ごくありふれていない家電。」
シンボリックな顧客接点（媒体・店舗）
「無印良品のライフスタイル」を
身近に体感できる大型店舗
（吉祥寺、青山3丁目、ららぽーとなど）
シンボリックなインフルエンサー
アドバイザリーボード
（田中一光、小池一子、杉本貴志）
無印良品のイメージを形成する商品の判定、
デザインを一貫して提供するデザイナー陣
サポーター化を促進する仕組み
（1990年代では、とくに活動なし）

出所：著者作成

一般的には、歴史が浅い成長企業は、ネームバリューが低いため、優秀な人材獲得に苦労するといわれている。しかし、良品計画にとっては、優秀な若手人材の獲得が比較的容易であった。良品計画には、学生時代に無印良品で育ち、無印良品のカルチャーに共感したいわば「無印良品ファン（当時は『ムジラー』という言葉さえ生まれていた。）」が若手社員として集まっていたのだ。全社員の４割程度は平均年齢24～25歳の若手が占めていたといわれている。さらには、1995年２月期末の時点で、47直営店のほとんどは20代半ばの若手が店長を務めていた。たとえば、西武百貨店本店に隣接する池袋店は、良品計画が93年から進めてきた都市型大型店展開を代表する店舗であったが、27歳が店長を務めていた。直営店第１号であった青山店も、入社２年目の若手が店長を任されていた。これほどまでに、若手に重要なポジションを任せていたのも、無印良品で育った「無印良品ファン」が、無印良品に対する十分な理解を持って「もっと良いものを」「もっと広く伝えたい」という気持ちで「無印良品ビジネス」に向き合っていたからである。

１９９０年代のバブル崩壊の中、社内外での無印良品というカルチャーへの共感が企業の活力を生み出し、事業拡大をけん引していった。１９９５年にキャンプ事業、１９９９年には通勤、通学、旅行中のニーズに応えた「無印良品com KIOSK」事業を展開した。１９９４年8月に店頭市場公開を達成したのち、１９９８年12月には東証2部市場公開、２０００年8月には東証1部市場公開と、短期間でこぎつけた。１９９９年度には、連結営業利益１３４億円、純利益59億円を達成するに至っている。１９９０年と比較すると１９９９年の売上高は実に４・４倍にもなるという飛躍であった。

ところが、２０００年度には、連結営業利益が前期比14％減の１１６億円、純利益が3％減の57億円、２００１年度の中間期の連結純損失は、38億円の赤字と、急転直下で業績が悪化していった。この業績不振の背景には、ユニクロやダイソー、ニトリなど、衣料品、雑貨、家具などそれぞれのカテゴリーに特化した競合他社の台頭があった。これらの競合企業は、無印良品の商品を研究し、同じ品質の商品を無印良品よりも3割程度安く売ることで無印良品のお客様が流出していった。また、当時ターゲットとして意識していた25歳から30歳までの団塊ジュニア世代に合わせすぎたことで、40代以上のお客様が求める品質に合わず、無印良品で購入できるものがなくなり離れていくという〝卒業現象〟も起きていた。

さらに、連続的な大型店舗出店に伴う予想以上のコスト増大と、商品数を増やしすぎたことによる商品力の低下という内部要因も重なった。１９９５年から4年半の間に商品アイテム数が倍になり、品質を伴う開発が追い付いていなかった。商品を作り、出店すれば売れるのだ、という「無印神話」への驕りが蔓延した結果ともいえる。

次の２０００年代は、この無印神話の凋落からどのように無印良品が復活したのか、そこでカルチャーがどのように再考されて再成長に至ったのかを見ていきたい。

3. 「無印良品」の再考：2000年代

2000年になって、業績悪化という形で露わになった事業拡大の負の側面から立ち直るにあたって、在庫や不採算店の整理から始められた。2001年度に海外5店舗、国内14店舗を閉鎖し、2003年度は3，000㎡を超えるプラッツ近鉄店を含む国内15店舗を閉鎖した。また、過剰発注などによって抱えていた在庫を廃棄するとともに、売れ筋が分かるようにして欠品防止にも努め、カテゴリー別の売れ筋ベスト10が全店で必ず揃っていることを目指した。業務の標準化も一層徹底し、MUJIGRAMや業務基準書などのマニュアルを整備し、徹底的に見える化を図った。さらには、売上高販売管理費率を30％以下に落とすコスト削減プロジェクト「30％委員会」を立ち上げ、会社全体でのコスト削減にも取り組んだ。2000年代の経営の仕組み化・効率化など業務改善についてはさまざまな書籍で分析されている。本書では、「無印良品」というカルチャーを時流の中でいかに再考し、強化していったのかを追っていきたい。

当時、常務・営業本部長を務めていた金井政明氏（現代表取締役会長兼執行役員）は、「ユニクロやニトリ、ダイソーなどのSPAが躍進し、競合がオリジナル商品を開発している中、従来のコンセプト『わけあって、安い。』だけでは、もはや競争力がない」と指摘していた。2001年には金井氏自身がリーダーとなって、無印良品のコンセプトや開発手法を再検討する「無印良品コンセプトファクトリー」というプロジェクトを設置した。メンバーには商品開発、宣伝販促、店舗開発、海外事業などから部門横断的に人員が選ばれ、社外からはアドバイザリーボードメンバーの田中一光氏、小池一子氏、杉本貴志氏、麹谷宏氏、天野勝氏、そして新たなメンバーとなった原研哉氏、深澤直人氏が参加した。このコンセプトの再検討が行われつつも、新たな商品のありようや開発手法の検討も並行していく中で、2003年に「無印良品の未来」という宣言が発表された。そこでは「わけあって、安い。」という従来のコンセプトから、何を引き継いで何を昇華させているのか、読み解いていきたい。

冒頭の1行目で、「消費社会・ブランドへのアンチテーゼ」としての無印良品の思想は、引き続き維持されることが明言されている。さらにその概念を深掘りし、「これ『が』いい」という生活者に嗜好性を惹起する商品づくりではなく、

「これ『で』いい」という、その商品が自分にとって必要かを精査し、一時の嗜好性の高まりではなく必要なものであると納得する、消費に対する理性的な自己判断を促すことを思想として掲げている。これは1980年から掲げていた「消費者の自立」という大衆・世の中の価値判断から独立することを目指す以上のことを求めているのではないか。いうなれば「消費者の自律」、すなわち自分で規範を持ち、それに従って自分で判断していくことを促すという、より能動的な消費者のありようを目指していくという思想の昇華とも受け取れる。


無印良品はブランドではありません。無印良品は個性や流行を商品にはせず、商標の人気を価格に反映させません。無印良品は地球規模の消費の未来を見とおす視点から商品を生み出してきました。

それは「これがいい」「これでなくてはいけない」というような強い嗜好性を誘う商品づくりではありません。無印良品が目指しているのは「これがいい」ではなく「これでいい」という理性的な満足感をお客様に持っていただくこと。

しかしながら「で」にもレベルがあります。

無印良品はこの「で」のレベルをできるだけ高い水準に掲げることを目指します。（中略）明晰で自信に満ちた「これでいい」を実現すること。それが無印良品のヴィジョンです。


その次に、高い嗜好性と高価格帯が特徴のブランド品と、素材にもこだわらず低価格に特化したコモディティ商品に二極化している現代の市場環境を俯瞰したうえで、そのどちらでもない「最適な素材と製法、形を模索し、豊かでありながら低コスト商品」を実現する無印良品の立ち位置が提示される。この商品のありようは今までの「わけあって、安い。」だけの開発から脱却した、「素」を旨とする「究極のデザイン」であり、無印良品が考える生活の「基本」と「普遍」を示したものである、と宣言されている。

現在、私たちの生活を取り巻く商品のあり方は二極化しているようです。

ひとつは新奇な素材の用法や目をひく造形で独自性を競う商品群。

希少性を演出し、ブランドとしての評価を高め、高価格を歓迎するファン層をつくり出していく方向です。

もうひとつは極限まで価格を下げていく方向。最も安い素材を使い、生産プロセスをぎりぎりまで簡略化し、労働力の安い国で生産することで生まれる商品群です。

無印良品はそのいずれでもありません。当初はノーデザインを目指しましたが、創造性の省略は優れた製品につながらないことを学びました。

最適な素材と製法、そして形を模索しながら、無印良品は「素」を旨とする究極のデザインを目指します。

一方で、無印良品は低価格のみを目標にはしません。

無駄なプロセスは徹底して省略しますが、豊かな素材や加工技術は吟味して取り入れます。

つまり豊かな低コスト、最も賢い低価格帯を実現していきます。（中略）

無印良品は生活の「基本」と「普遍」を示し続けたいと考えています。


当時の消費社会のありよう、競争環境を俯瞰したうえで、無印良品の独自の思想を定義し直したといえるだろう。2003年に発表された「無印良品の未来」が単なる宣言だけであれば、事業の再成長につながらなかっただろうが、この検討と並行する形で新しい商品のありよう、開発手法も見直され思想に基づいた商品力が強化されていった。

まず、商品力の強化にあたって、アドバイザリーボードの位置付けが強化された。それまで商品の最終判定のために開かれていたミーティングの開催タイミングが変わった。原研哉氏、小池一子氏、深澤直人氏、杉本貴志氏と毎月1回幹部社員による「アドバイザリーボードミーティング」を開き、ここでの議論を参考に、商品開発方針を策定し、顧客ニーズが調査され、商品企画～サンプル検討会～商品戦略委員会での判断と続き、商品化されるプロセスになった。このミーティングを商品開発の端緒として位置付けることで、商品企画やデザインの視座が高くなったといえる。

こうした商品開発プロセスの刷新に伴って２０００年代の商品力強化が進められた。そのポイントは、社内に閉じていた商品開発をデザイナーやお客様など社外と共創するよう、開放していったことにありそうだ。それまでブランドとしての評価による価格高騰を避けるべく社外デザイナーとの協力を行わなかったが、無印良品らしさを損なわずにデザイナーと共創することで商品力の強化に努めていた。

代表的な取り組みとしてはWorld MUJIがある。生活雑貨の分野で、世界的に有名なデザイナーの協力で商品を開発することにした。イタリアのエンツォ・マーリ、イギリスのサム・ヘクト、ドイツのコンスタンチン・グルチッチなど錚々たるデザイナーを起用した。しかし、にもかかわらず商品にはデザイナー名を表示せず無名性を貫いた。商品やその商品タグを見るだけではデザイナーの存在は分からないのだ。各デザイナー自身が無印良品のユーザーであり、その商品を通じて「無印良品」という思想へも共感していたため、商品開発への参加に非常に前向きであったという。World MUJIという新たな開発手法によって、壁掛けＣＤプレーヤー、デジタルカレンダー、ステンレスケトル、しるしの付けられる傘など、現在まで続くロングセラーが生まれている。

生活雑貨に加え衣料品でもデザイナーと共創した。ファッションとしての変化が求められる衣料品では、基本であるベーシックさを押さえながら、時代の方向感も出せることを目指し、２００2年にヨウジヤマモト社と衣料品デザインの委託契約を締結した。あくまで無印良品のコンセプトに合ったシンプルなデザインや色をベースに、時代感の表現に取り組むよう依頼したことで、無印良品らしさを維持しながら衣料品の魅力を高めることに成功した。２００5年には、無印良品の新しい衣服ライン「MUJI Labo」として高感度な衣料品ラインへと発展している。

また、新たにアドバイザリーボードに加わった深澤直人氏が主導したFound MUJIも社外との共創につながっている。社内のスタッフが世界各地を巡り、無印良品の価値観に合致する商品を探し出して、新たな発想を得て商品を開発していく手法だ。代表的な例は、チェコのおばあさんが編んでいた靴下からヒントを得た「足なり直角靴下」だろう。ほかには駅や公園の時計にヒントを得た「駅の時計・公園の時計」もある。現在では、発想を得た新商品だけでなく、世界中から探し出した日用品を無印良品のものとして仕立て直して販売するように変化している。青山店がFound MUJIの専門店になり、国内店舗でも展開されている。

この商品開発手法の社外への開放は、外部デザイナーとのコラボレーションだけではなかった。お客様から新たな商品へのニーズをお伺いし、一緒に商品を生み出していく共創ともいえる活動も展開された。お客様との共創は1999年の「消費者室」を「お客様室」へと改称し、お客様からの商品・サービスに対する意見を一元的に収集・分析し、商品やサービスの開発・改善に活用できる体制を構築したところからスタートする。ただ、お客様の声を受け入れるだけでは新たな商品を開発するには限界がある。より意見を聞き出し、プロトタイプをお客様と一緒に生み出していくには店舗を起点としたやり取りでは限界があった。また、リアル店舗での出店数には将来的に限界があることも鑑み、ウェブサイト上での店舗や顧客とのコミュニティの場を構築していくことを決定した。2000年5月には、「ムジ・ネット株式会社」を設立、同年9月には、ポータルサイト「MUJI.net」を立ち上げた。このポータルサイトでは、無印良品のネット通販である「無印良品ネットストア」の展開もある一方、お客様との共創を通して、新たな商品を開発するコミュニティ機能も担っている。2001年には、「無印良品モノづくりコミュニティー」がスタートし、同年には今も販売が続いているロングセラーの「持ち運びできるあかり」がお客様の声に基づいて開発、ネットで販売された。家具だけにとどまらず、日産自動車と共同で「MUJI+Car1000」という独自仕様の自動車まで開発した。ウェブサイト上でのお客様との共創はさらに進化し、2002年にはロングセラーの「体にフィットするソファ」や壁に付けられる家具「壁棚」が商品化された。こうした活動は2007年には、家電の商品開発をお客様と一緒に行っていた「空想家電」と連携し、「空想無印」がスタート。明確に商品開発を目的にした。2008年には「空想無印」の商品化第1号「貼ったまま読める透明付箋紙」が商品化された。お客様との共創で生み出された商品は、ニーズを捉えつつも無印良品らしい特徴や機能を備えており、同じカテゴリーの既存商品に比べても非常に高い売上高を誇っているといわれている。こうした活動が発展し、２００９年には現在の形である「くらしの良品研究所」を創設。その設立趣旨は、「くりかえし原点、くりかえし未来。」というコピーで表現されている。無印良品の考え方や歴史をアーカイブするとともに発信しつつ、お客様と一緒に無印良品について考え、近い未来の生活に役立つ新たな「無印良品」を生み出していく役割を果たしている。こうしたお客様と対話しながら暮らしをより豊かにする「無印良品」を一緒に生み出していく活動があることで、商品の背景にある思想への共感から能動的に自分が参加していくサポーターともいえる存在へと促していっているといえるのではないだろうか。

「無印良品の未来」の宣言に基づき、「無印良品」の思想が昇華され、さらにその思想が社外のデザイナー、お客様との共創を通じた商品開発力の強化につながっていった。この流れの中で家の中のインテリア商品だけでなく、「無印良品」の思想を反映した家も設計・販売した。２００３年に立ち上げた住空間事業「MUJI INFILL＋（ＭＵＪＩインフィル・プラス）」である。当初は、お客様が暮らしている家を骨組み＝スケルトンとして捉え、世代に応じて変わっていく暮らしに合わせて必要なインフィル＝内装としての家具や建具でスケルトンを自由に変更できる、という価値を提供する事業であった。そこから、家自体の提供へと発展し、２００４年には「木の家」、２００８年には「窓の家」を発売した。２００４年に旗艦店である有楽町店を全面リニューアルし、家のモデルルームとしての機能も備えた。無印良品が内装だけでなく家のありようも含めた意味での「ライフスタイル」を提供し始めたという点でエポックメーキングといえる。

こうした商品力の強化・発展に伴い、「無印良品」が提供する価値も新たな意味合いを持ったといえる。無印良品の家の発売が始まった翌年２００５年には、「暮らしのここち。」「良い感じ。」というメッセージが訴求されている。ここには、「無印良品」がその多岐にわたるインテリア、服飾、食品といった商品群や家そのものを提供することで、お客様に簡素ながらも豊かさを感じられる「感じ良いくらし」を提供している、というメッセージが感じられる。２００８

年には「ひとり暮らし」「ふたりの部屋」といった「無印良品」らしい暮らしのありようを提示し、お客様に具体的な暮らしのイメージを持ってもらう狙いがうかがえる。この「暮らし」を提案し続ける姿勢は、2011年の東日本大震災を機に「感じ良いくらし」というメッセージへと昇華された。そこには「ものを増やすのではなく、できる限り省略して、生活を整えることこそが豊かな暮らしをもたらす」という意味合いがあり、ある種他人に譲り合うという利他的な精神が込められている。物の欠乏が、貧しいのではなく逆説的に心も含めて豊かになる田中一光氏の『簡素が豪華に引け目を感ずることなく、その簡素の中に秘められた知性なり感性なりがむしろ誇りに思える世界』という言葉の延長線上にあるといえるだろう。

「感じ良いくらし」を提案していくという価値の刷新に合わせて、お客様も変わっていった。それまでは団塊ジュニア世代が主なお客様の層であったが、団塊ジュニア世代にとらわれすぎることで商品とライフステージとのズレが発生してしまっていた。2000年代では、「無印良品」が提示するライフスタイルに共感してくれる方であれば、どの世代でも構わない、むしろ顧客母数は増える可能性がある、と捉え直したのだ。バブル崩壊を経て、豊かさとは何か、単にモノを増やし続けることが豊かさではないのではないか、と考え始め、自分のライフスタイルを重視する生活者が増えてきていたこともお客様の捉え方を変える契機でもあっただろう。30代に向けた家具、40代に向けた家具など世代毎に合わせていくのではなく、無印良品として考え抜いた暮らしを形づくる普遍的な家具を提示し、その普遍的な思想に共感したお客様であればどの世代であっても無印良品のお客様であり、単なる商品の購入者ではなく思想へ共感したサポーターといえるのではないだろうか。

2000年代は、拡大路線でつまづいた1990年代に対する反省であり、思想と事業とをより強固にし「無印良品」の原点をつき詰めていった10年間といえるだろう。ただし、すべてが順調に進んだわけではなく、外部環境の変化も激しかった。2008年に金井政明氏が代表取締役に就任し、社員に向けて「時代の中で無印良品って何かな」「今の時代の無印とは、どういうことなのか」と考え続けるという意思表明をしていた矢先にリーマンショックが起こる。景気

図表５－５　2000年代の無印良品のカルチュラル・スケッチ

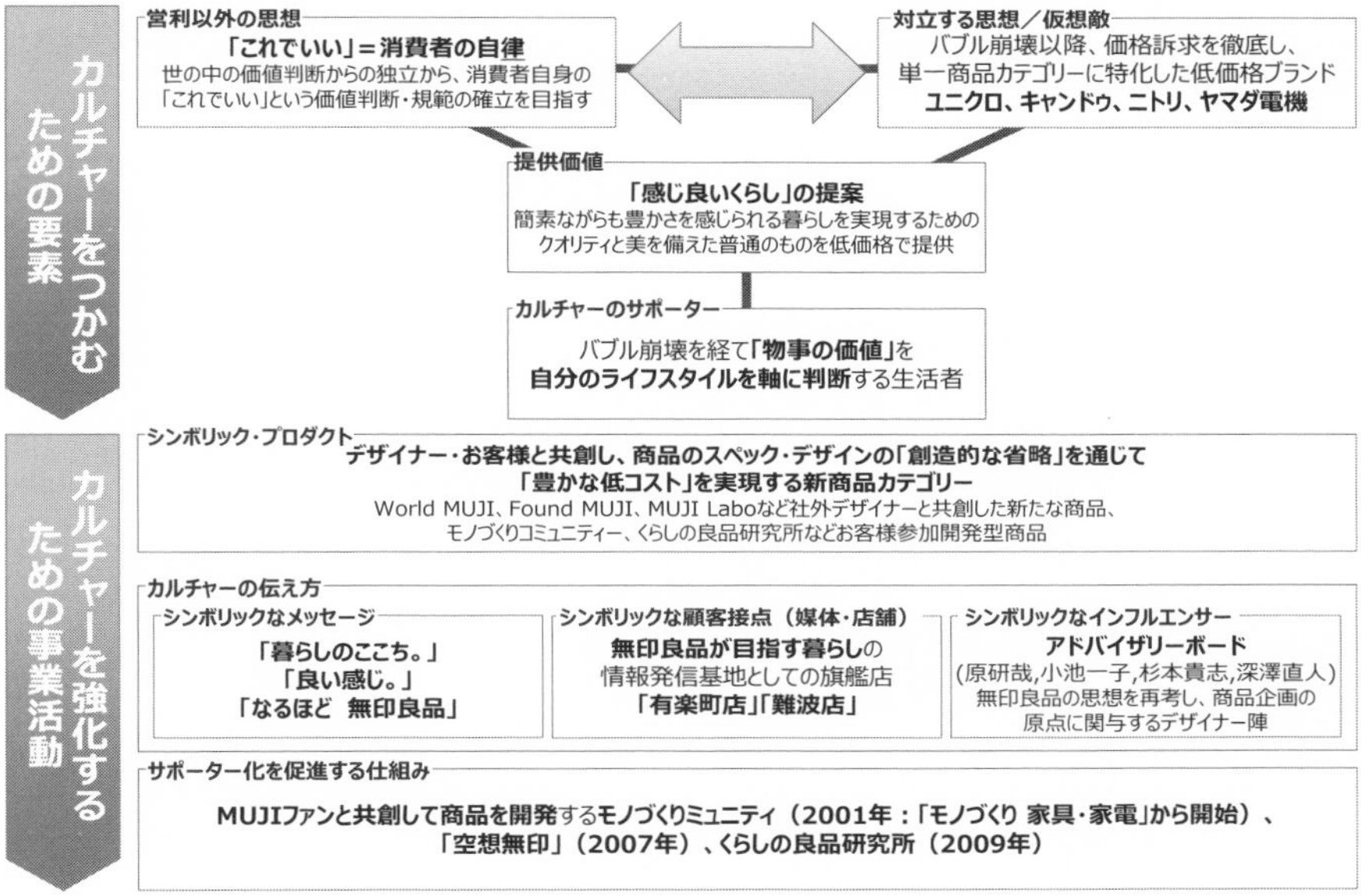
カルチャーをつかむための要素
営利以外の思想
「これでいい」＝消費者の自律
世の中の価値判断からの独立から、消費者自身の「これでいい」という価値判断・規範の確立を目指す
対立する思想／仮想敵
バブル崩壊以降、価格訴求を徹底し、単一商品カテゴリーに特化した低価格ブランド
ユニクロ、キャンドゥ、ニトリ、ヤマダ電機
提供価値
「感じ良いくらし」の提案
簡素ながらも豊かさを感じられる暮らしを実現するためのクオリティと美を備えた普通のものを低価格で提供
カルチャーのサポーター
バブル崩壊を経て「物事の価値」を自分のライフスタイルを軸に判断する生活者
カルチャーを強化するための事業活動
シンボリック・プロダクト
デザイナー・お客様と共創し、商品のスペック・デザインの「創造的な省略」を通じて「豊かな低コスト」を実現する新商品カテゴリー
World MUJI、Found MUJI、MUJI Laboなど社外デザイナーと共創した新たな商品、モノづくりコミュニティー、くらしの良品研究所などお客様参加開発型商品
カルチャーの伝え方
シンボリックなメッセージ
「暮らしのここち。」
「良い感じ。」
「なるほど　無印良品」
シンボリックな顧客接点（媒体・店舗）
無印良品が目指す暮らしの情報発信基地としての旗艦店
「有楽町店」「難波店」
シンボリックなインフルエンサー
アドバイザリーボード
（原研哉,小池一子,杉本貴志,深澤直人）
無印良品の思想を再考し、商品企画の原点に関与するデザイナー陣
サポーター化を促進する仕組み
MUJIファンと共創して商品を開発するモノづくりミュニティ（2001年：「モノづくり 家具・家電」から開始）、「空想無印」（2007年）、くらしの良品研究所（2009年）

出所：著者作成

が減速し、消費が落ち込む中、多くの企業は価格を下げて乗り切ろうとした。この逆境にあって無印良品の反応は異なっていた。生活者が、行き過ぎた大量消費と大量のモノに囲まれた生活が本当の豊かさではないと気づく契機だと捉えたのだ。無印良品が本当に豊かな生活を提案できるチャンスとして、さらに商品力強化を進めていった。創業以来の「わけあって、安い。」という、単に「安さの理由」を持った商品ではなく、「なるほど」や「これでいい」といえる「共感・納得できる理由」を持った商品を提供することで危機を乗り越えようとしたのだ。多くの人に「なるほど」と共感、納得し、理性的に満足してもらえるように商品力を強化し、コンセプトを伝えていくことで２０００年代の無印良品はさらに強い企業へと成長したといえるだろう。

「無印良品」の強化に伴い、事業成長の余地は国内だけではなく世界へと広がっていった。２０１０年代は、国内市場が飽和していく中、成長の重心は海外にあった。世界でいかに無印良品が受け入れられていったのかを読み解いていきたい。

図表５－６　良品計画海外事業　営業収益（売上高）・営業利益　時系列推移

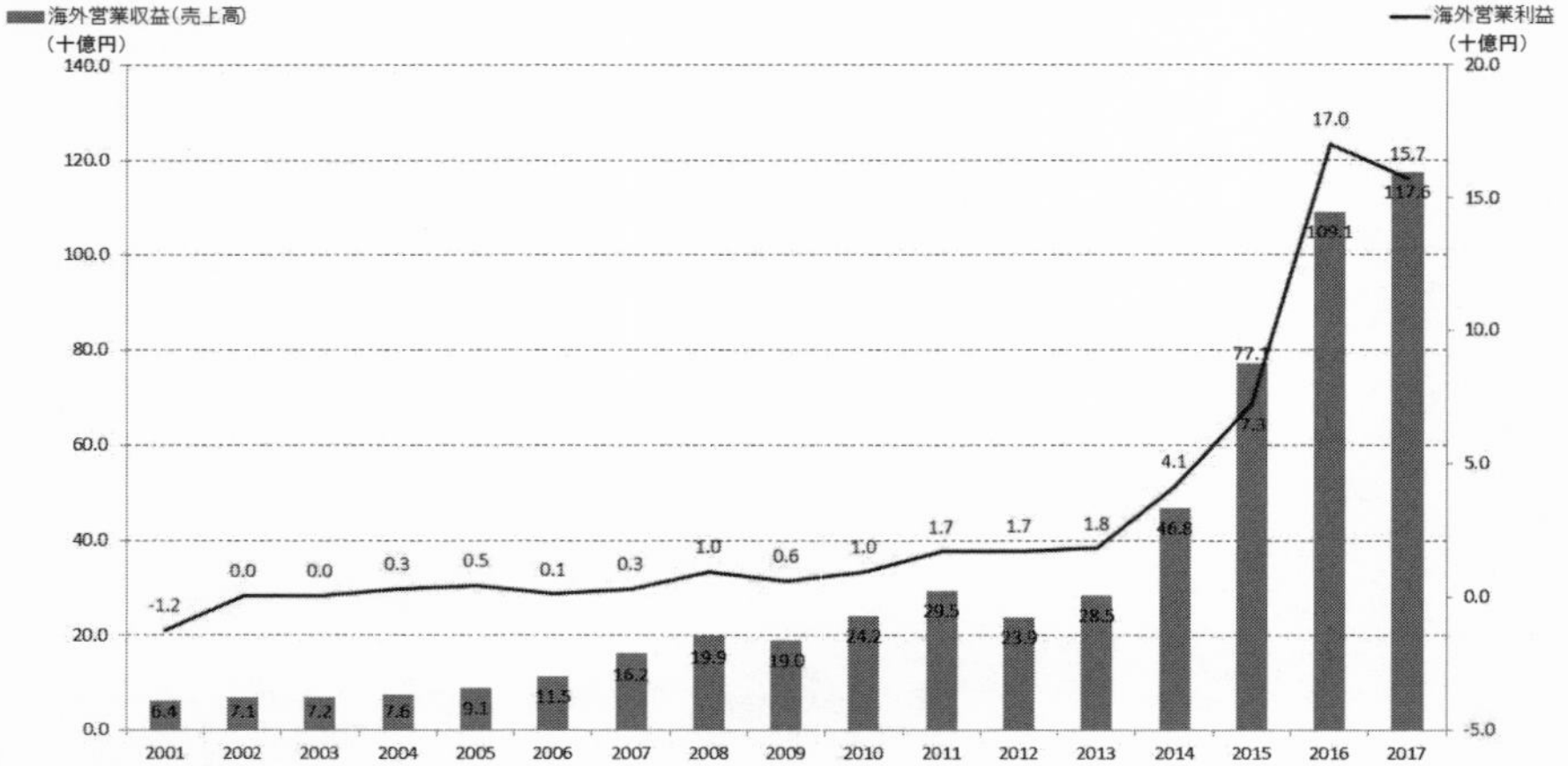

出所：良品計画ウェブサイトに基づき著者作成

4．世界の「無印良品」：２０１０年代

２０１０年代は、海外市場が成長の重心へと移り変わってきている。図表５－６は、海外事業の営業収益と営業利益であるが、２０１４年以降の成長が著しい。２０１６年度末の海外の店舗数は３４４店舗となり、海外の営業収益は約１，０９０億円、営業利益も約１７０億円へと大きく躍進した。同年の国内事業の営業収益は約１，９８４億円、営業利益は約１７０億円であり、海外事業の営業収益が良品計画全体の３分の１の規模にまで急激に成長したのだ（図表５－２参照）。

もちろん、ここまでの成長の過程は簡単ではなかった。海外事業展開のスタートは古く、１９９１年にはイギリスのソーホーに現地のリバティ百貨店との合弁で出店したが、１９９７年にはリバティ百貨店の経営悪化に伴い契約を解消した。香港にも１９９１年に永安グループとの合弁で出店したものの、店舗賃料の高騰に伴い１９９８年には全13店舗を撤退した。しかし、１９９０年代の国内事業の好調を背景に再度海外出店を計画し、イギリス、フランスへの出店を加速し、１９９８年には5店舗、１９９９年に3店舗、２０００年に7店舗出店した。しかし、現地商品に比べ価格も高く、店舗賃料も高かったため赤字の状況が続いた。テコ入れのキッカケは２００１年の松井忠三氏の代表取締役社長への就任だった。海外事業の赤字を止めるべく、黒字店舗以外は即時撤退したのだ。

赤字解消だけでなく、黒字化へのターニングポイントでもあった。セゾングループの西友との合弁会社で２００１年、再び香港に出店した。西友の運営により２００２年に初めて黒字化し、11年間続いていた赤字経営に終わりをもたらすことができた。２００３年にはシンガポールと韓国へ、２００４年には台湾とイタリア、２００５年ドイツ・中国、２００６年アメリカと、毎年新たな国に現地子会社を設立し、出店攻勢を展開した。

こうした積極的な海外展開に伴って、ＭＵＪＩらしい商品にもブレが出てきてしまっていた。海外事業部から現地ニーズに合った商品開発に対する要望があり、それらに対応した商品を開発する中で商品構成が海外事業独自のものになり、チープでＭＵＪＩらしくない商品が溢れてしまったのだ。そこで、２００５年にロンドンに商品開発拠点を設置し、日本からも人員を派遣することで商品力の底上げを図った。その後、海外事業の成長に伴い、２００９年には商品開発機能を日本に移管し、グローバルで統一したＭＵＪＩらしい商品を開発・供給できる体制を整えた。商品開発・供給、店舗設計まですべてをグローバル共通の普遍性のあるものへと発展させ、日本本社が責任を持つことでブランディングを徹底したのだ。こうした海外事業の徹底した一元化に伴い、世界各国の子会社も直営化を推進し、より意思決定の統一が図られた。

２０１５年には中国全土向けの物流センターが稼働し、上海に旗艦店の「無印良品 上海淮海 ７５５」を出店。中国最大規模の店舗であり、この頃には中国国内の無印良品の店舗は150店舗を超えるほどに成長していた。

この連続での出店には当然ながら商品が売れていなくてはならない。アジアだけでなく欧米も含めた世界各国でＭＵＪＩが受け入れられるうえで何がポイントだったのだろうか。松井元社長は次のように語っている。

ＭＵＪＩが海外で受け入れられる理由の1つは、ライフスタイルを提案しているから。

ただ、商品を売っているのではなく、シンプルな商品を使って、シンプルな生き方をしてみませんか、とライフスタイルを提案しているのです。それはつまり、ものを通して生き方を提案していることにもなります。元々華美な生活を好んでいなかった人には「これでいい」という生き方（ライフスタイル）はピタリとはまりますし、無印良品を通して「これでいい」という生き方に目覚める人もいるかもしれません。生き方にまで影響を与える商品となると、これほど〝強い〟ものはありません。人の好みは簡単に変わるかもしれませんが、思想や哲学はそれほど簡単には変わらないからです。

だからこそ、無印良品ファンは何年もずっと使い続けてくれるのではないか、と考えています。他のブランドではなかなかそこまではできないかもしれません。「高いから信頼できる」「安いから質が悪い」と、モノの善し悪しを価格から判断するところで止まってしまうのではないかと思います。

ライフスタイルを変えるところまで影響を与えられないのです。

無印良品のファンにとっては、無印良品を使うことが自己表現であると同時にポリシーを表明していることにもなるのではないでしょうか。

「これでいい」という生き方を提案していくこと、これは2003年に掲げられた「無印良品の未来」で標榜されたことであった。消費社会において、「これでいい」という理性的で抑制された消費によって本質的な豊かさを追求する普遍性を持った思想であることが、世界で無印良品が受け入れられている理由である。無印良品を使うことがまさに1つの価値観・行動様式の表明であるのであれば、それはまさにカルチャーであるといえよう。世界の大きな価値観潮流である脱物質主義に即したカルチャーであることが、世界各国の生活者に無印良品の普及を後押ししているのではないだろうか。

無印良品の「これでいい」という思想は、「感じ良いくらし」の提案をしていく、という具体的な価値に落とし込まれている。「感じ良いくらし」の提案に向けてすべての商品群が生み出されているのだ。この提供価値をグローバルに通用するように変換されたのが２０１４年から打ち出された「Compact Life」である。無印良品が得意とする「収納」を軸として、暮らしを整え、無駄のないデザインと汎用性を持った商品群を活用することで、シンプルで快適な生活を実現することを提案している。日本で培ってきたコンパクトながら気持ちよく暮らすためのノウハウは世界中の都市圏で通用するのだ。

国内と海外で「感じ良いくらし」の実現という提供価値は共通であるため、商品も共通性を持っている。これは生活に密着した商品群のグローバル展開では異例だといえる。通常であれば、各国のニーズに合わせて商品構成自体を大きく変えていく。国によって暮らし方や習慣が全く異なるため生活雑貨の商品もそれに合わせて変えていくのが普通だろう。ところが、無印良品ではグローバルで商品構成が統一されている。細かく分かれた各国生活者別のニーズに合わせて多種の商品を開発するのではなく、あらゆるニーズを大きく包含するようなデザインだからこそ世界共通で受け入れられるのだ。企業が「これはこう使うもの」と決めるのではなく、生活者が自由に解釈し使っていく余地があるのだ。このあらゆる人々が「自分の暮らしに合っている」と感じるような自在性のことを原研哉氏は「エンプティネス」という言葉で表現している。

無印良品は空っぽの器のようなものだ。そのプロダクツは老若男女を問わず、あらゆる人々の生活の文脈を受け入れる。

無印良品は若者のために簡素なテーブルをデザインし、60代の熟年夫婦のために別の簡素なテーブルを用意するわけではない。

同じ1つのテーブルを見て、あらゆる人々が「自分の暮らしに合っている」と感じるような自在性が無印良品の命脈である。

すなわち無印良品の本質は「主張」ではなく「受容」にある。機能が用途に合わせて周到に用意されているわけではなく、どんな用い方であれその全てを受け入れることで無印良品の製品は機能するのである。

（中略）使用者の意志に寄り添い、どんな用途にも応じられるような自在性を実現するべく考え続けられた、究極のデザインを目指しているのである。

日本の伝統には、極まった簡潔さの中に最良の豊かさを見立てるという美意識がある。

（中略）目的や用途に対する合理性から導かれるのが西洋の「シンプル」であるとするならば、究極の簡潔さは「エンプティ」と称されるべきかも知れない。

（中略）日本独自の美意識からなるものは「エンプティネス」の概念をその中核に持つ。無印良品もその同じ系譜に連なる。

誰もが自分の暮らしに合っていると感じられる、それはすなわち世界中のどんな文化圏の人にとっても、「これでいい」と思える商品を提供するのが無印良品の特徴であるといえる。だからこそ、普遍性があり、ユニバーサルに受け入れられるのだ。これが、思想への共感だけでなく、実際に商品が売れ、MUJIファンが世界中で増えていく理由だろう。日本で売れている「これでいい」商品は、世界中でも売れている。海外での売れ筋商品を見ると、体にフィットするソファ、アロマディフューザーやポリプロピレンやアクリルの収納、脚付マットレス、壁掛けCDプレーヤーなど日本の売れ筋商品と共通していることが分かる。自分の暮らしに合っている、と誰もが受け入れるがゆえに、その価値は世界で普遍なのだ。過去に発売した商品だけでなく、新しく生み出す商品も世界共通展開になる。2014年から新たなキッチン家電のラインナップを発売した。冷蔵庫、オーブンレンジ、オーブントースター、炊飯器、電気ケトル、ジューサーミキサーなど全11機種に及ぶ。これらは、見た目の存在感を消していき、シンプルな機能に特化した「道具」としてのキッチン家電シリーズだ。これらの新商品も国ごとに仕様を変えず世界同一仕様で販売する。家電を通じた豊かな生活のあり方をグローバル共有で提示しているといえる。

情報発信においても、エンプティネスという概念は共通している。さまざまな文化圏、人種の生活者が無印良品からの情報を受け取るのだ。各国別に内容を特化させることは困難だ。むしろ情報を伝えるというより多種多様なイメージ、解釈を受け入れる器としての情報発信であることが求められる。人によっては日本的なデザインであり、ある人は低価格ブランドであり、ある人はスタイリッシュな商品だと捉える。それらのいずれの解釈も受け入れられるように、世界共通のビジュアルとシンプルな言葉を用いている。日常や自然のシーンに溶け込んでいる無印良品のビジュアルや、近年では「自然、当然、無印。」といった普遍的で解釈の多様性があるメッセージによって、人々の解釈を受け入れる器として機能している。

ただ、これらのエンプティネスに基づいた商品やコミュニケーションが世界中誰にでも受け入れられるわけではない。その国の消費や価値観が成熟化しなければ受け入れられないのだ。海外事業が低迷していた1990年代は新興国ではまだ消費が旺盛であり、みんなが持つもの、うらやましがるような高級ブランドを持つことがステータスだった。みんなが同じものを持ち、同じような生活を送りたいと願っている消費社会は、むしろ無印良品がアンチテーゼとして位置付けていたものだ。それが、新興国においても、生活水準が向上することで生活者がさまざまな商品やサービスを購入・体験することができ、ニーズが多様化・細分化していく。その先には商品の必要・不必要を自ら判断できる成熟した価値観が現れる。このように消費が成熟化した段階において、無印良品の思想、商品、コミュニケーションが受け入れられる。成熟化した市場において生活者は普遍的な価値観を持つに至り、そうした顧客層に支持されているからこそグローバルに通用するカルチャーとして成立しているといえるだろう。

この思想への共感は、お客様だけでなく海外スタッフの採用にも共通している。海外において一般に認知度の低い日本企業の採用活動は難しい。しかし、無印良品では「ＭＵＪＩが好き」という人が応募してくることが多いという。日本に旅行したときに無印良品を利用したり、各国の店舗を利用したことがあるお客様が、そこから商品とその背景にあ

図表5－7　2010年代の無印良品のカルチュラル・スケッチ

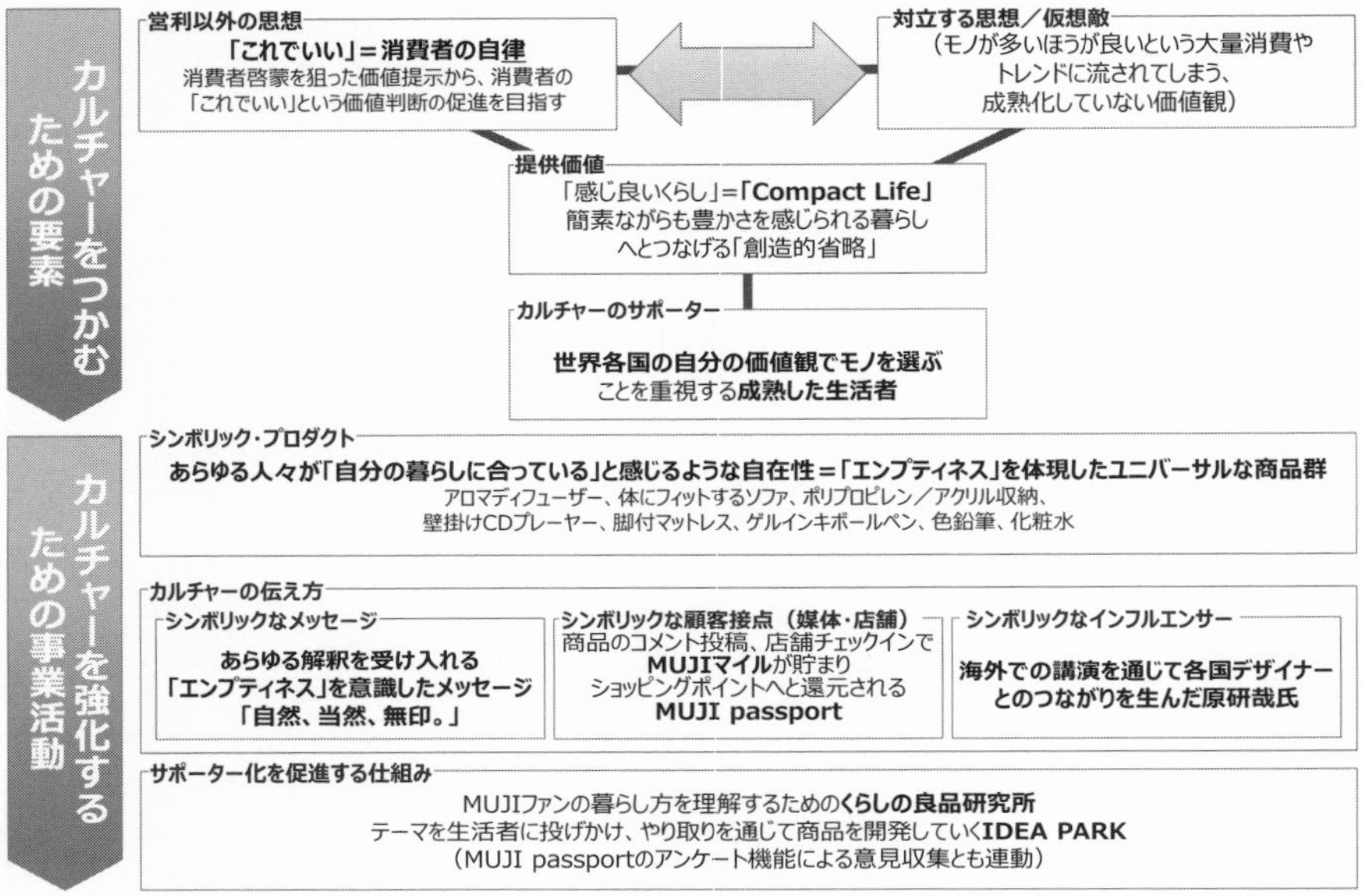

カルチャーをつかむための要素
営利以外の思想
「これでいい」＝消費者の自律
消費者啓蒙を狙った価値提示から、消費者の「これでいい」という価値判断の促進を目指す
対立する思想／仮想敵
（モノが多いほうが良いという大量消費やトレンドに流されてしまう、成熟化していない価値観）
提供価値
「感じ良いくらし」＝「Compact Life」
簡素ながらも豊かさを感じられる暮らしへとつなげる「創造的省略」
カルチャーのサポーター
世界各国の自分の価値観でモノを選ぶことを重視する成熟した生活者
カルチャーを強化するための事業活動
シンボリック・プロダクト
あらゆる人々が「自分の暮らしに合っている」と感じるような自在性＝「エンプティネス」を体現したユニバーサルな商品群
アロマディフューザー、体にフィットするソファ、ポリプロピレン／アクリル収納、壁掛けCDプレーヤー、脚付マットレス、ゲルインキボールペン、色鉛筆、化粧水
カルチャーの伝え方
シンボリックなメッセージ
あらゆる解釈を受け入れる「エンプティネス」を意識したメッセージ「自然、当然、無印。」
シンボリックな顧客接点（媒体・店舗）
商品のコメント投稿、店舗チェックインでMUJIマイルが貯まりショッピングポイントへと還元されるMUJI passport
シンボリックなインフルエンサー
海外での講演を通じて各国デザイナーとのつながりを生んだ原研哉氏
サポーター化を促進する仕組み
MUJIファンの暮らし方を理解するためのくらしの良品研究所
テーマを生活者に投げかけ、やり取りを通じて商品を開発していくIDEA PARK
（MUJI passportのアンケート機能による意見収集とも連動）

出所：著者作成

る思想に共感し、応募してくるのだ。新興国では給与水準が高いことが重要な判断基準であるが、単にお金を稼ぐため以上の魅力として無印良品の思想に共感しているからこそ、労働意欲も高く離職率が低く、ＭＵＪＩの海外展開を促進する要因として貢献している。

また、２０１０年代はデジタルでのお客様との交流が進化したタイミングでもあった。グローバル５か国語対応のウェブサイト「MUJI Global」は２００８年に開設された。翌２００９年にリニューアルされ、１週間で約１００万人のサイト訪問者があったという。規模としては、１週間のリアル店舗の来店者数が約７２０万人なので、リアルの７分の１の人数がサイトを訪問するインパクトがあるといえる。この「MUJI Global」の着実な成功に続き、スマートフォン向けのアプリ「MUJI passport」を２０１３年に公開し、お客様との新たな交流の場、かつリアル店舗送客の仕組みを構築した。このアプリの基本は、「ＭＵＪＩマイル」という独自のポイント制度に特徴がある。店舗やネットストアでの商品購入や、店舗にチェックイン（来店時に来店を記録）することでＭＵＪＩマイルが

貯まり、それを無印良品での買い物で使える「ＭＵＪＩショッピングポイント」に交換可能なのだ。店頭に来るだけでもＭＵＪＩマイルが貯まるため、来店促進につながっているといえる。さらに、商品が安価に購入できる「無印良品週間」に割引クーポンを利用できることも来店促進につながっているといえるだろう。この「MUJI passport」は、当初国内だけで公開され「無印良品週間」の割引クーポンでのダウンロード促進効果もあり、２０１５年2月には３２０万ダウンロードを超えたという。同年5月からは中国でも公開され、順次台湾、韓国、香港、その他アジア、アメリカ、ヨーロッパへと世界各国に広げていく予定だという。

こうした、日本で生まれ、世界に広がっていくデジタルでの接点は、ほかにもある。「くらしの良品研究所」の「IDEA PARK」では、「こんな商品があったらいいのに」「この商品のここを改良してほしい」といったお客様の声が年間約８，０００件も集まり、それらの具体的なアイデア、ニーズを積極的に取り込むことで、普遍性が高い「これでいい」と自信を持っていえる商品「感じ良いくらし」に必要な商品を生み出している。こうしたデジタルでインタラクティブにお客様とのコミュニケーションを図るコミュニティ機能は、グローバルでも展開していく予定だという。

こうして、デジタルとリアル相互でのお客様との接点を増やすことで、ＭＵＪＩファンが増え、お客様の来店促進・購入頻度の向上につながり、結果、デジタルとリアル双方での売上が伸びているのだろう。

Ⅲ．「無印良品」に見るカルチャー活用の効用

無印良品の事業成長の歴史は、まさに脱物質主義の進展とともにあったといえるだろう。日本の経済成長が目覚ましい時期に生まれた無印良品は、消費社会へのアンチテーゼとして存在するという宿命を自ら負うことで、常に時代の中でその立ち位置を明確にしてきた。無印良品にとって幸運だったのは、自身が定めた立ち位置と、戦後の価値観潮流の趨勢として物質主義から脱物質主義へと移り変わっていく大きなカルチャートレンドが同じ方向に向かっていたこと

だ。この観点において時代の寵児だったともいえるのではないか。華美に流れるバブル経済の時代の中、その反動として本質的な豊かさを問い直す機運が高まり、生活者自身が暮らしを見直していった。経済の成熟化に伴い、単なる華美、高価であるモノ、サービスに囲まれた暮らしに対して、質素の中にも豊かさがあるという思想を示した。そして、思想だけでなく、その暮らしを目に見える生活雑貨、家具、衣料、食品など、ライフスタイルとして提示したのだ。

意図的ではないにせよ、結果として価値観潮流というカルチャートレンドに思想・事業活動が即していたことの経営へのインパクトは大きかった。事業成長の源泉としては、やはり顧客からの強力な共感・支持が挙げられるだろう。人々のライフスタイル・価値観に影響を与えるブランドとして独自のポジションを得たことで、ある意味そのライフスタイル・価値観を持つ生活者群を潜在的な顧客層として位置付けられたといえる。結果として、ムジラーと称される無印良品の商品で暮らしを揃えるサポーターともいえる人々が生まれた。ライフスタイルに共感するからこそ、さまざまな暮らしのパーツが同じ思想で生み出された商品・サービスを使いたくなるのだ。世の中が、バブルの崩壊、リーマンショックなど爛熟な暮らしからの揺り戻しがあるたびに、こうした豊かさを問い直す人々は漸増しているのではないだろうか。それはまさに、経済危機を成長の契機として捉えた金井会長の視座である。

そして、副次的であるものの軽視できないのは、従業員の採用ハードルを下げる効果ではないだろうか。昨今、人手不足が叫ばれ、採用に苦心している企業が多い中、無印良品は、その掲げる思想・ライフスタイルへ共感・支持してくれる顧客層の中から社員に応募する人が生まれるという構造を作っている。この傾向は設立当初のまだブランド名が浸透していないベンチャー企業であった時から続いている。ベンチャーでまだ大手企業として認識されていない企業であれば応募数は少なくなることが一般的であるが、無印良品には当てはまらなかった。ベンチャーながら無印良品を愛する顧客、特に無印良品の商品を使って育ってきた学生が応募してくるようになったのだ。顧客がサポーターとして存在しているからこそ、こうした顧客から従業員への転換が起こるといえる。

また、グローバル展開を促進する、という効果も見過ごせない。背景には、本書で着目している戦後の価値観潮流「物質主義から脱物質主義」へのカルチャートレンドが国内だけでなく、グローバル規模で広がっている潮流であることが影響している。グローバル統一で販売している商品群も国や文化を超えて共感・支持され、無印良品の各国での事業展開を促進している。特筆すべきは、通常、国ごとの生活習慣、文化に合わせて細やかに商品を変えていくことが日本企業のグローバル展開の通例であるものの、無印良品では基本的にグローバル共通の商品開発を前提にしている。無印良品が目指すのは、無印良品が良いと考えるライフスタイルであり、各国・各世代別の商品を開発するのではない。ある意味、無印良品を受け入れてくれる顧客だけでよい、というスタンスがうかがえる。しかし、この商品のグローバル統一によって、経営効率を高めているといえる。さらに、こうしたグローバル統一商品で提示する無印良品が掲げるライフスタイル・価値観が各国の生活者に浸透していき、サポーターともいえる顧客が増えていくことで、日本国内同様に顧客が従業員へと変わっていく、という構造を再現する。通常、知名度不足などで採用に苦労する日本企業が多い中、海外での従業員採用のハードルを下げる効果があるのではないか。

①顧客からの強力な共感・支持、②お客様から従業員への転換、③グローバル統一商品の浸透においてカルチャーを企業経営に活用できたという側面が、無印良品の持続的な企業成長に寄与したといえるのではないだろうか。日本発のグローバル企業が増えつつある中、国内の成長を維持しながら海外での成長を加速させる、という観点で多くの示唆を得られる事例といえるだろう。

【参考文献】

金井政明・小池一子・杉本貴志・原研哉・深澤直人（２０１０）『ＭＵＪＩ 無印良品』良品計画

田中一光没後10年　田中一光展　ＭＵＪＩ　東京ミッドタウン２０１２年９月21日－10月28日

堤清二・三浦展（２００９）『無印ニッポン　20世紀消費社会の終焉』中央公論新社

永江朗（２０１０）『セゾン文化は何を夢みた』朝日新聞出版

西川英彦（２０１５）「無印良品の経営学　第１回「無印良品の誕生」」『一橋ビジネスレビュー　2015　SUM』東洋経済新報社

西川英彦（２０１５）「無印良品の経営学　第２回「無印良品の拡大」」『一橋ビジネスレビュー　2015　AUT』東洋経済新報社
西川英彦（２０１５）「無印良品の経営学　第３回「無印良品の再生」」『一橋ビジネスレビュー　2015　WIN』東洋経済新報社
西川英彦（２０１５）「無印良品の経営学　第４回「無印良品の再考」」『一橋ビジネスレビュー　2016　SPR』東洋経済新報社
西川英彦（２０１５）「無印良品の経営学　第５回「世界の無印良品」」『一橋ビジネスレビュー　2016　AUT』東洋経済新報社
日経デザイン編（２０１５）『無印良品のデザイン』日経ＢＰ社
日経デザイン編（２０１６）『無印良品のデザイン２』日経ＢＰ社
増田明子（２０１６）『ＭＵＪＩ式　世界で愛されるマーケティング』日経ＢＰ社
松井忠三（２０１３）『無印良品のマーケティング戦略』マーケティングカンファレンス　2013
松井忠三（２０１５）『無印良品が、世界でも勝てる理由』KADOKAWA
無印良品白書プロジェクトチーム（１９８６）『無印良品〈白書〉』スミス
深澤徳（２０１１）『思想としての「無印良品」時代と消費と日本と』千倉書房
流通企業研究会（１９９６）『「無印良品」のモノづくり発想』オーエス出版
渡部米英（２０１２）、『無印良品　世界戦略と経営改革』商業界

西村啓太

第6章

カルチャーで、ビジネスを成功させた事例：らでぃっしゅぼーや

Ⅰ．企業概要

カルチャーを捉え、ビジネスを推進してきた「らでぃっしゅぼーや」

スーパーマーケットや飲食店に行くと、必ずといっていいほど目に飛び込んでくる「有機野菜」や「オーガニック」の文字。今では当たり前のような光景となっている有機野菜市場において、強い信念を持ちながら企業の成長を実現してきた好例として、有機野菜の宅配事業を行う「らでぃっしゅぼーや」を取り上げたい。

食の領域は、自然回帰・倫理性回帰というキーワードが当てはまりやすい。食にまつわる、そもそもの時代背景として、戦後に化学薬品を使った効率的な農法が確立されたことが挙げられる。戦後復興を目指す中で1961年に制定された大量生産・工業化を前提とする農業基本法がベースとなり、高度経済成長とともに、生産量が安定しづらいオーガニック農法は淘汰され、中央集権型の安定供給こそが絶対とされた。

しかし、公害という目に見える形でその限界が表出し始めたことで、工業化に対するアンチテーゼとして〝自然回帰〟という風潮が強まった。レイチェル・カーソンによる『沈黙の春』（1962年）や有吉佐和子の『複合汚染』（1975年）などの著書が有名だが、世の中に警鐘を鳴らすオーガニック・ムーブメントも巻き起こった。特に、80年代以降、世界的に有機農業運動が活発になると、日本でもオーガニック食材を提供するサービスや企業が増え始めた。1988年に誕生した「らでぃっしゅぼーや」もその一つだった。

ではなぜ、「らでぃっしゅぼーや」に着目するのか。それは、彼らが単に流行として有機野菜に関連する事業を始めたのではなく、自然回帰・倫理性回帰という思想を持って事業を起こし、その後も首尾一貫した信念を持って経営・ブランディングを続けていたからである。そうすることで、生活者・農家双方の共感・信頼を獲得し、企業を成長させることができた。生活者のオーガニックではない食材の消費に対する抵抗に加えて、（詳しくは後述するが）既存の農業の仕組みに対し、思想に基づいた新しい提案を次々と持ち込むことで持続可能な農業・社会の実現を模索してきたことも特筆すべき点だろう。

「らでぃっしゅぼーや」が、いかにしてカルチャーを捉え、自分たちの思想を時代に合わせて落とし込み、生活者への伝播や企業成長を実現できたのかを、時代背景とともに考えていく。

企業分析に入る前に、創業からおよそ30年という「らでぃっしゅぼーや」の歴史を簡単に振り返りたい。「らでぃっしゅぼーや」は、企業成長に合わせ上場や売却などが繰り返されてきた歴史を持つ。創業は１９８８年。市民団体「日本リサイクル運動市民の会」を立ち上げた高見裕一氏が主体となって設立したのが、環ネットワーク株式会社。彼らは戸別宅配事業「らでぃっしゅぼーや」を始めると、90年代以降、順調に会員数や売上を伸長させた。その後、２０００年に「青汁」で知られるキューサイに買収されると、「らでぃっしゅぼーや」は第二フェーズへ入った。２００６年にはキューサイから独立し、「らでぃっしゅぼーや株式会社」になった後に、２００８年にＪＡＳＤＡＱ市場上場を果たした。そして、２０１2年にはＮＴＴドコモの傘下となり、２０１８年にはオイシックスドット大地（現オイシックス・ラ・大地）が買収し、今に至っている。当初数百人規模の会員からスタートした「らでぃっしゅぼーや」は、２０１７年時点で万単位の会員数を誇り、売上高約２００億円にまで成長を遂げることができている。

それでは、本書の中心テーマである、思想を持った経営やブランディングに関わる活動に焦点を当てながら、年代別に「らでぃっしゅぼーや」の事業成長について考察していこう。なお、本書では、経営やブランディングに思想が色濃く反映されていた、ＮＴＴドコモの傘下になる前までの動きを中心に取り上げる。

Ⅱ．カルチャー戦略の変遷

1．「らでぃっしゅぼーや」誕生：１９８０年代

冒頭でも述べたように、１９６1年の農業基本法制定以後、日本の農業は工業化を辿り、化学肥料が普及した。加え

て、企業が安い作物を求めたために、1989年には国内の農作物は価格競争へと陥り、食料自給率が50%を割り込むと同時に、さらなる工業化が進んでしまった。

しかし、80年代以降の世界を見渡せば、チェルノブイリ原発事故や北海でのアザラシの大量死、ライン川の汚染、酸性雨の深刻化など、世界規模での環境破壊が相次いだ。しかも、これまで公害の主たる原因とされた工業だけでなく、農業における農薬までもが公害を引き起こす原因となっていることを『沈黙の春』が暴いたことで、80年代以降に世界各地で有機農業運動が盛んになった。これまで安心・安全を意識せず、ただ安いモノを買おうとする風潮があり、見た目がきれいなものが良いものだとされた流れの中で、当時の関心の中心は「安全な食べ物を食べたい」という切実な想いへ移っていく。

こうした時代背景に沿うように、日本で普及したのが「契約栽培」という概念だった。当時の農作物の流通システムは、経済合理性を前提に成立しており、農薬や化学肥料を活用した農業を促進するようなものだった。しかし、安全な野菜を育てるとすれば、収穫量が不安定になり、既存の流通システムにはなかなか乗らない。契約栽培は、その条件を理解したうえで、生活者と農業従事者が買い取り契約を結び、契約内容に応じた作物を育てて生活者に届けるという仕組みで、過不足のリスクを生活者が負い、安全な野菜を手に入れようというものである。

契約栽培を可能にするためには一定量の注文を集める必要があるが、ここに日本生協連（コープ）が生み出した「共同購入」という仕組みが取り入れられ、有機農作物に関心のある主婦がまとまって安全な野菜を契約購入するという流れが確立されたのだった。共同購入自体は1951年に生まれた手法だが、その後1975年に発足した「大地を守る会」によって作り過ぎた（契約生活者が買わざるを得ない）余剰在庫をメーカーなどへ卸す流れが生まれるなど、少しでもハードルを下げて購入できる生活者を増やそうという動きが続く。そのような中で1988年に誕生したのが、「らでぃっしゅぼーや」だった。

「らでぃっしゅぼーや」について紐解く前に、その原点について知っておく必要がある。「らでぃっしゅぼーや」は、最初から企業体だったのではなく、元々は市民団体に端を発する。「らでぃっしゅぼーや」の創業者である高見裕一氏は、欧米のような影響力のある市民運動を志し、後に「らでぃっしゅぼーや」のサービスを行うことになる市民団体「日本リサイクル運動市民の会」を１９７４年に立ち上げた。

１９６４年の東京五輪、70年の大阪万博を、両者ともにアジア初開催を果たすなど、日本は戦災からめざましい復興を遂げ、驚くべき経済成長を遂げていた。しかし、そうした高度経済成長の輝かしい側面がある一方で、経済成長に伴う弊害も確実に暗い影を落としていた。経済成長を追うあまり、１９６０年代には四日市ぜんそくや新潟水俣病（第二水俣病）などの公害問題が起き、その結果として、１９６７年には公害対策基本法の制定、１９７１年には環境庁が設立された。さらに、そうした環境問題に追い打ちをかけるように、１９７３年に第1次オイルショックが起きた。オイルショックの影響で物価が急上昇し、原油価格とは直接関係はなかったものの、物資（トイレットペーパーや洗剤など）の買い占め騒動が起きると、日本の成長神話が崩壊した。そうした時代背景の中で、高見氏はリサイクル運動によって循環型の持続可能な社会を作ることを目指したのである。

有機野菜の話に戻ろう。高見氏は、「らでぃっしゅぼーや」を始める前は、日本では馴染みの薄かったフリーマーケット開催等を行っていた。しかし、思想といった目に見えないものに対して能動的に参加するのが苦手な日本人の特性を知り、当時「大地を守る会」に所属していた市民運動家の徳江倫明氏とともに行き着いたテーマが有機野菜だった。フリーマーケット以上に人々が共感し、活動に参加してくれる身近なものを、と考え抜いた結果だったという。つまり、循環型社会の実現に向けて具体的なアクションを起こしたい市民の〝参加権〟として、有機野菜を提供していたのである。創業のきっかけについて高見氏は自著の中（高見 １９９８、56頁）で、次のように述べている。

『共生』をわかりやすく伝えるメディアとして、有機　農業は最良のテーマ。『食』という切り口は誰にでも共通する、とてもわかりやすいテーマだった。

また、高見氏は「らでぃっしゅぼーや」について、こうも述べている（高見 1998、67頁）。

「食卓の方を、自然のリズムである旬に合わせる」という、本来ならごく当たり前なことを改めて体感し、楽しんでいただこうというわけです。

（「らでぃっしゅぼーや」の本質は）①顧客開発、②商品開発、③流通開発であると表現しています。それぞれの深い意味合いは省きますが、要は、私たちは八百屋でもなければ、運送屋さんでもメーカーでもない。一つのテーマが真に根を生やして社会化するように設計する、いわばデザイナーです。

これらの文章を読むと分かるとおり、「らでぃっしゅぼーや」は、流行に乗った商品やサービスを提供するのではなく、オーガニックというカルチャーをいかに社会実装し普及させるか、当初から強い思想を持って設計していたのである。

事業開始当時、1980年代の「らでぃっしゅぼーや」の成功要因は、マーケティング視点において大きく2つある。1つ目は、会員制の宅配サービスという、有機野菜を購入する新しい仕組みを作ったことである。先ほど、有機野菜を購入する手段としての共同購入について述べた。共同購入は有機野菜を購入できる仕組みとして確立されていたものの、時代の変化に伴い、欠点を抱えるようになった。それは、共同購入に参加したとしても、購入した商品は決まった場所にのみ宅配され、自分たちで仕分けをする必要があった点である。核家族化・女性の社会進出が進む中で、共同購入に参加して有機野菜を手に入れることができたのは、時間的・地域的な制限を受けない主婦層の一部に限られ、関心があっても有機野菜を手に入れられない生活者も増えていった。そんな中、会員にさえなれば、戸別で自宅に有機野菜

図表6－1　1980年代の「らでぃっしゅぼーや」のカルチュラル・スケッチ

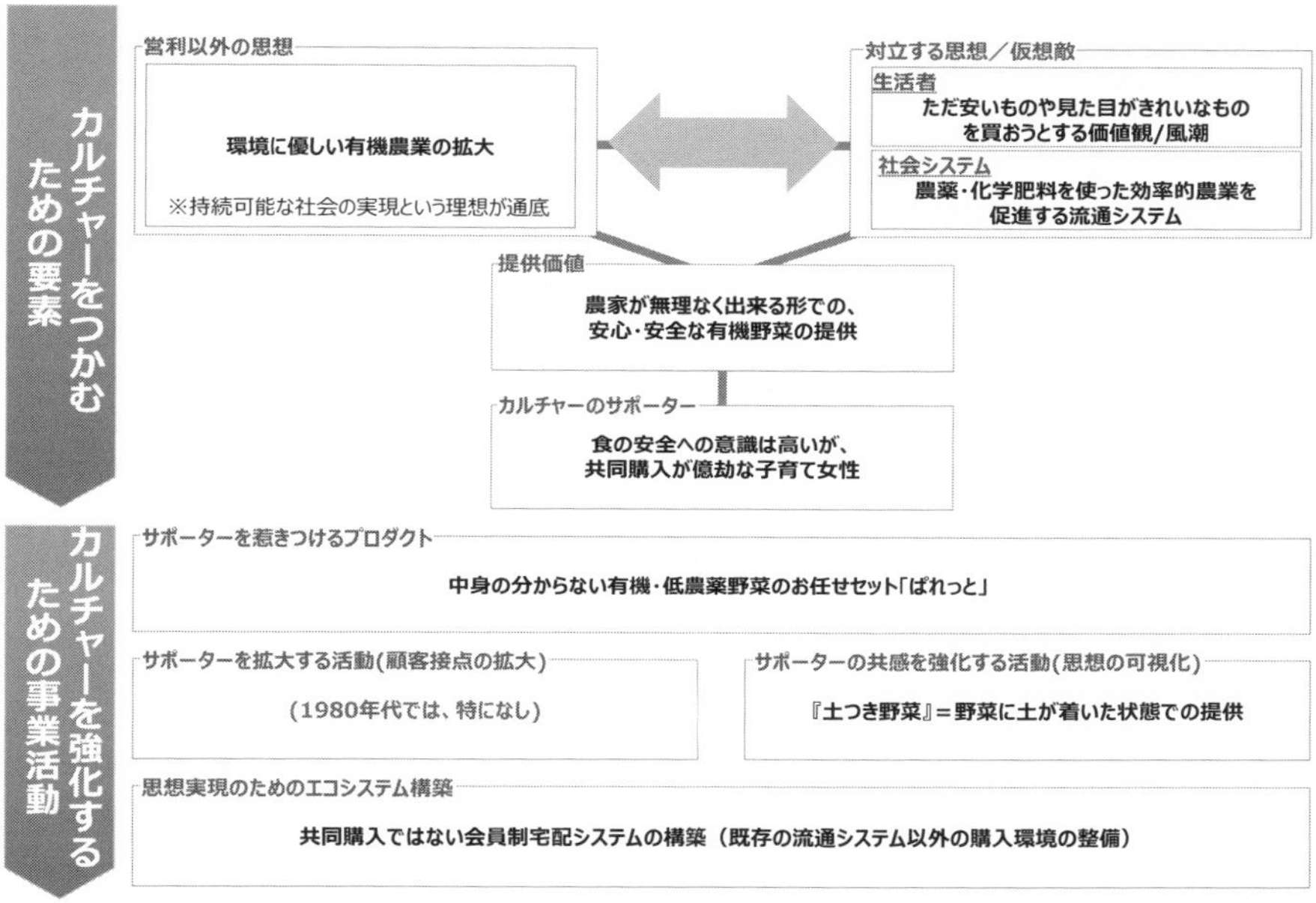
カルチャーをつかむための要素
営利以外の思想
環境に優しい有機農業の拡大
※持続可能な社会の実現という理想が通底
対立する思想／仮想敵
生活者
ただ安いものや見た目がきれいなものを買おうとする価値観/風潮
社会システム
農薬・化学肥料を使った効率的農業を促進する流通システム
提供価値
農家が無理なく出来る形での、安心・安全な有機野菜の提供
カルチャーのサポーター
食の安全への意識は高いが、共同購入が億劫な子育て女性
カルチャーを強化するための事業活動
サポーターを惹きつけるプロダクト
中身の分からない有機・低農薬野菜のお任せセット「ぱれっと」
サポーターを拡大する活動（顧客接点の拡大）
（1980年代では、特になし）
サポーターの共感を強化する活動（思想の可視化）
『土つき野菜』＝野菜に土が着いた状態での提供
思想実現のためのエコシステム構築
共同購入ではない会員制宅配システムの構築（既存の流通システム以外の購入環境の整備）

出所：著者作成

を宅配してくれる「らでぃっしゅぼーや」は魅力的に映ったのである。特に、自宅の扉の前に商品を置いていく「留め置き配送」というサービスを導入したこと。これが、関心はあっても有機野菜に手を出せなかった働く女性などの目に留まり、サービスの知名度を一気に上げることになった。

もう一つの成功要因は、有機・低農薬野菜セット「ぱれっと」を考案したことにある。「ぱれっと」とは、旬の野菜や果物を詰め合わせて各家庭に届けるサービスである。最大の特徴は「手元に届くまで、セットの中に何が入っているのか分からない」ことで、中身は会員が選ぶのではなく、「らでぃっしゅぼーや」側が決めている。生産量が不安定になってしまうという有機野菜における生産者の都合を、ある意味、会員に我慢して受け入れてもらうようなサービスである。しかし、当時は敢えて土付きの状態で梱包することで「安全性」を、内容を「らでぃっしゅぼーや」に任せてもらうことで、何が入っているか分からないという「ワクワク感」を感じてもらい、会員にとってポジティブな価値あるサービスへと価値転換させることに成功したのである。その結果、豊作不作にかかわらず、生産者である農家は安定した収入を得ることができるようになった。

こうして、農家への地道なアプローチと、一方では時代に合った流通の仕組みを構築することで、「らでぃっしゅぼーや」は支援者を増やしながら、「ぱれっと」の取り扱い品目を広げ、事業をうまく軌道に乗せることができた。

2.「らでぃっしゅぼーや」思想の確立と普及：1990年代

80年代に構築した有機野菜を気軽に購入できる仕組みを踏まえたうえで、「らでぃっしゅぼーや」は90年代に有機野菜の啓蒙や正しい知識の教育に力を入れた。時代が先だったのか、「らでぃっしゅぼーや」が先だったのかは定かではないものの、「らでぃっしゅぼーや」の有機野菜の啓蒙・教育活動は、時代にも合った活動だった。

「らでぃっしゅぼーや」をはじめとするいくつかの企業による有機農業運動の甲斐あって、「オーガニック」という言葉が世の中で認知度を上げていた。当時は「オーガニック」「有機野菜」を正確に定義するルールがなかったため、ただ不揃いな野菜をまとめて「オーガニック」という名の下で販売をする業者が出てくるなど、「オーガニック」という言葉が濫用され始めていた。その結果、生活者の間で流行りものとして有機野菜を買おうとする風潮が出てきてしまったのである。

そんな中、有機野菜の正しい知識啓蒙活動の象徴的なものとして、1996年に制定された「らでぃっしゅぼーや」独自の商品取扱い基準「ＲＡＤＩＸ（ラディックス）」が挙げられる。「らでぃっしゅぼーや」としては、独自基準を制定することで、「オーガニック」という言葉の濫用を防ごうとした。

また、独自基準が制定されたもう一つの理由は、日本独自の基準の必要性である。当時、オーガニック先進地域ともいえる欧米で、すでに制定されていた厳しい基準を踏まえ、農林水産省も1992年に「有機農産物及び特別栽培農産物に係る表示ガイドライン」という有機農産物にまつわる初めてのルールを公表している。このガイドラインでは農薬の使用頻度などによって「有機農産物」「転換期間中有機農産物」「無農薬栽培農産物」「無化学肥料栽培農産物」「減農薬栽培農産物」「減化学肥料栽培農産物」という6つの分類で有機農作物を定義していたものの、細かすぎる分類ゆえに生活者にとっては理解が難しい基準になっていた。また、土地の特性上、高温多湿で害虫や病気の被害を受けやすい日本では、農薬や化学肥料を全く使用しないということは現実的ではないものだった。そこで、「らでぃっしゅぼーや」としては、欧米の基準に準拠するのではなく、日本の土地の特性に合わせた独自の基準を制定したのである。一概に農薬や化学肥料を禁止するのではなく、農薬や化学肥料も許容する一方で、トレーサビリティは徹底する。つまり、やむを得ず農薬や化学肥料を使った場合に、非有機野菜として排除するのではなく、目的、回数、農薬の種類を含めて、栽培や製造過程の真実の情報を公開することで、日本らしい有機野菜のあり方を生活者に啓蒙した。

トレーサビリティを重視しながら、啓蒙活動することの意義について、徳江氏はこう述べている（百歳元気新聞1997年）。

〝有機〟の生命線は、完全に無農薬かどうかにこだわることでなく、栽培や製造過程の真実の情報公開。生産・流通・生活者みんなの理解と信頼関係が継続的に活動を行っていくための命綱

もちろん、情報の正確さにはこだわっており、生産農家と契約書を交わしたうえで、スタッフによる生産地の管理・訪問を徹底した。当時の概念は少しずつ形を変えつつも現在へと受け継がれており、現在の公式サイト（https://www.radishbo-ya.co.jp/brand/radix/　2019年12月現在）には「RADIX」の基準が下記のように示されている。

① Safe and Tasty：安全でおいしいこと

農薬、飼料、添加物、栽培方法・製造方法、素材などの安全性について厳しくチェックします。また、安全だけでなく、食べ物本来のもつ香りや味を生かしたおいしい商品を提供します。

② Sustainable：持続可能で環境にやさしいこと

農薬の削減、水産資源の保全、動物の生態に合わせた飼育、途上国支援のためのフェアトレード商品の取り扱い推進、容器や包装のリユース・リサイクルなどに取り組み、できるだけ環境にやさしい活動を行うことで、持続可能な社会を目指します。

③ Disclosure：情報が公開されていること

農薬の使用状況や産地など、商品の情報を公開します。また、原則として生産工程や使用した原材料など、きちんと情報が確認できる商品を扱い、必要に応じて情報が遡れる（トレースできる）仕組みを構築します。

④ Partnership：生産者・メーカーとパートナーシップを結ぶこと

継続的によりよい商品をお届けするために、生産者・メーカーが、それぞれの分野で技術向上を目指す活動の実施、また産地交流会により「顔の見える関係」を築き、お客さまを含めた三者がお互いに満足できる関係を大切にします。

⑤ Fair Price：作り手とお客さまがともに納得できる価格を設定すること

商品の原料や製法、環境負荷の低減などにこだわりながら、生産者が継続的に作り続けられ、お客さまが買い続けることができる適正な価格帯を目指します。

⑥ Alternative：よりよいものを求め、常に代案を提示すること

流通の非効率という理由で置き去りにされがちな伝統野菜の復活や、生ごみを資源として利用する循環システムの確立、アレルギー・アトピー対策商品の開発、ライフスタイルの変化に合わせお客さまのニーズをキャッチした商品など、さまざまな角度からよりよい暮らしを実現するための代案を提示します。

崇高な思想を持ちつつも、農薬や化学肥料の使用を一部認めるような基準を制定するという〝しなやかさ〟。ＲＡＤＩＸは、時代や状況に応じた無理のない現実的な解を提示するという「らでぃっしゅぼーや」の特徴を分かりやすく示した施策である。また、RADIX以外にも、会員情報誌「おはなしサラダ」の刊行や農地見学会の開催など、有機野菜の啓蒙・教育活動を積極的に行っていた。

この時代のもう一つの挑戦が、実店舗での有機野菜の販売である。1996年12月に、情報開示を義務付けた「らでぃっしゅぼーや」初のオーガニックスーパーマーケット「MOTHER'S（マザーズ）」を横浜市にオープン。1997年以降は地域の中小スーパー向けや百貨店に有機食品の卸売りを始めた。そのほか、東急百貨店と組んだ有機野菜の総菜専門店「ままかり亭」を東京・日本橋店にオープンするなど、クオリティーを担保する形で新規顧客接点を次々と増やしていった。

店舗での販売は、マーケティング戦略として流通チャネルの拡大を狙うだけではなく、思想の伝播の拡大も狙っていたものと考えられる。つまり、有機野菜というコンテンツを会員ではない一般生活者へと開き、持続可能性のある有機農業の正しい情報を啓蒙していたのである。その証拠に、徳江氏は日経流通新聞（1996年11月12日）の取材に対してこう語っている。

当面は東急百貨店と事業展開するが、他社からも打診があれば話に応じるし、それだけの食材は確保している。ただ「ままかり亭」を全国で一気に何百店と大展開するつもりはない。まず市民の会の事業を正しく理解してもらうことが、量販店と取引する前提となる。

こうして、制度による線引きよりも情報開示という観点でオーガニック文化の伝播に注力してきた「らでぃっしゅぼーや」に、重要なターニングポイントが訪れる。1999年に食料・農業・農村基本法が制定され、農業関連の法整備が進む中、有機野菜に対して初めて法的な基準が策定された。特筆すべきは、「三年以上、無農薬・無化学肥料」という欧米主体のコーデックス基準をそのまま取り入れたものだったことである。1993年のガイドラインでいえば、

図表6－2　1990年代の「らでぃっしゅぼーや」のカルチュラル・スケッチ

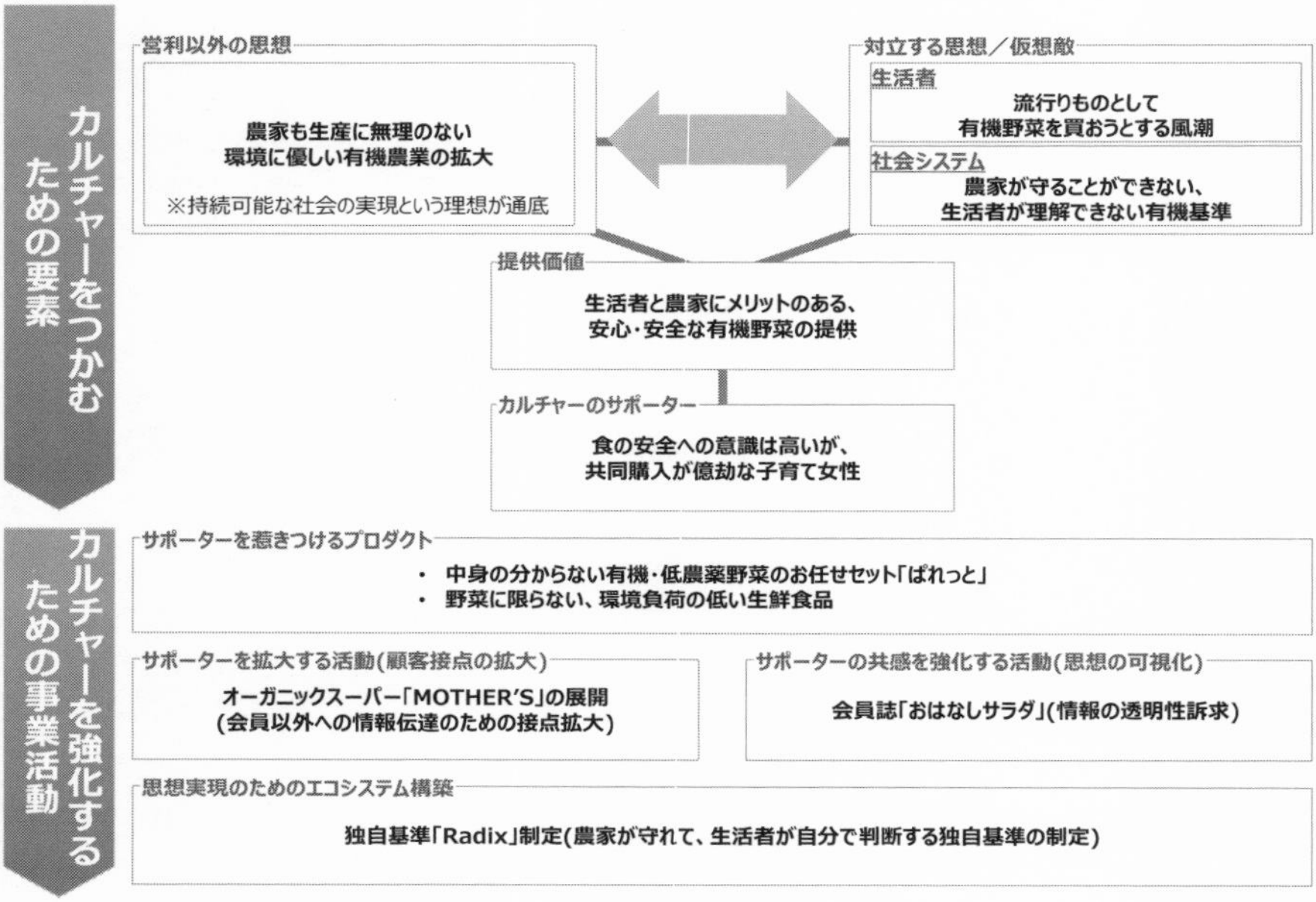
カルチャーをつかむための要素
営利以外の思想
農家も生産に無理のない
環境に優しい有機農業の拡大
※持続可能な社会の実現という理想が通底
対立する思想／仮想敵
生活者
流行りものとして
有機野菜を買おうとする風潮
社会システム
農家が守ることができない、
生活者が理解できない有機基準
提供価値
生活者と農家にメリットのある、
安心・安全な有機野菜の提供
カルチャーのサポーター
食の安全への意識は高いが、
共同購入が億劫な子育て女性
カルチャーを強化するための事業活動
サポーターを惹きつけるプロダクト
・ 中身の分からない有機・低農薬野菜のお任せセット「ぱれっと」
・ 野菜に限らない、環境負荷の低い生鮮食品
サポーターを拡大する活動(顧客接点の拡大)
オーガニックスーパー「MOTHER'S」の展開
(会員以外への情報伝達のための接点拡大)
サポーターの共感を強化する活動(思想の可視化)
会員誌「おはなしサラダ」(情報の透明性訴求)
思想実現のためのエコシステム構築
独自基準「Radix」制定(農家が守れて、生活者が自分で判断する独自基準の制定)

出所：著者作成

6段階の最も上に位置する「有機農産物」だけが「有機野菜」と名乗ることが認められ、それ以外は「有機農作物ではない」とカテゴライズされてしまうものだった。一度でも農薬を使えば、それは法的に「有機野菜」といえなくなる。同時に、食品全般の表示基準を示すJAS（日本農林規格）法が改正されたことで、「有機野菜」と名乗るには、農林水産省の登録を受けた第三者機関による承認が必要となった。「有機野菜」は法律によってがんじがらめとされたのである。

「RADIX」という制度を用いて〝情報開示〟を重要視してきた「らでぃっしゅぼーや」は、自分たちが訴求するオーガニックの正しい普及のためにも独自策に打って出る。法的に認められた有機野菜だけを扱うのではなく、野菜ごとの情報をすべて生活者に開示することで、何を買うのか、その判断は生活者に委ねるというものである。「らでぃっしゅぼーや」は、創業メンバーの徳江氏が中心となって作られた有機農産物の認証システムと組むことで、「らでぃっしゅぼーや」以外の第三者機関による承

認を組み入れた仕組みを整えた。徳江氏は当時の思想を自著の中でこう述べている（徳江1999、270頁）。

今後の有機農業とその流通にとって、「三年以上、無農薬・無化学肥料」という言葉が問題なのではありません。まず、自分はどういう作り方をしていくのかということ、あるいは自分はどういう品質のものを売っているのかを明確に示すこと。そして、その宣言に基づいてきちんとした営農を行っているかどうか、それらをすべてオープンにすること。これこそが重要なテーマ

混乱と統制が続いた90年代は、オーガニック業界における「波乱の時代」だったといえる。そんな時代においても、オーガニックの普及のためにも信念を曲げず、時には国の政策に対しても独自策を打ち出す。自然回帰を志す「らでぃっしゅぼーや」の気概が感じられると同時に、生活者と農家の双方に寄り添った施策を行うことで、彼らの共感を獲得し、波乱の時代であっても事業成長を実現することができたのである。

3．事業拡大する「らでぃっしゅぼーや」：2000年代

2000年代に入ると、企業としての大きな転機が訪れる。2000年に「青汁」で知られるキューサイが「らでぃっしゅぼーや」を運営する環ネットワーク株式会社を買収したのだ。代表の高見氏が検討していた外部との資本提携を含む合従連衡戦略を受け、新たな代表にはキューサイから緒方大助氏が就任した。この時点で「らでぃっしゅぼーや」の会員数は5万人。1999年4月時点での売上は171億円。オーガニックという文化の普及・伝播を一貫して続けてきた「らでぃっしゅぼーや」は、NPOとしては規模が大きくなりすぎてしまったこともあり、改めて企業としてさらなる成長へと舵を切ったのである。

ここまでで述べたように、「らでぃっしゅぼーや」は持続可能性のある社会の実現に向けた、無理のない現実的な解

を模索してきた。１９８０年代には、持続可能性のある社会の実現に向けて、生活者の〝参加〟を促すために、誰もが共感しやすい食というテーマを見つけ出し、共同購入ではない新しい有機野菜を購入できる環境を作った。１９９０年代は、理想を追求して完全無農薬にこだわるのではなく、仮に農薬を用いたものだとしても情報開示を行うことにより、生活者が自身で考え、判断する環境を創造し、生活者へのカルチャーの啓蒙に尽力してきた。２０００年以降はさらなる有機農業の普及のため、ある意味、資本主義や経済合理性に一部迎合する形かもしれないが、現実的な解として「１次産業の復権、農家の経済的自立を目指す」という方針を目指した。新社長に就任した緒方氏について、当時のメディアはこう語っている（週刊東洋経済 ２００９）。

キューサイにいたとき、青汁原料のケールの生産者を開拓するため、九州の農家を回っていたときに何度も抱いた疑問があった。「日本の農業はどうしてこれほど儲からない商売をしているのだろう?」。緒方の目に映る農家は、後継者不足に悩み、低採算にあえぐ姿だった。農家に豊かな収入をもたらしながら、生活者に確かな商品を届けたい。農業の可能性に賭けてみようと思った。キューサイという営利企業の子会社になったからには、それまでのように市民団体の延長では許されない。事業そのものを成長性のあるビジネスに転換する必要があった。

こうした想いのもと、緒方氏が注力したのは、流通チャネルとしての「らでぃっしゅぼーや」の流通量・売上の拡大だった。「らでぃっしゅぼーや」の流通量・売上を拡大させることで、契約農家に利益を還元することを目指したのである。

象徴的な施策の一つとしては、契約農家数の一定化と契約農家からの広告費の拠出がある。緒方氏は着任後すぐに契約農家から「らでぃっしゅぼーや」の広告費を回収した。実際には広告費用として集金したのではなく、元々の仕入れ値を下げ、そこで出た余剰収益をすべて広告宣伝費に回したという。ただし、契約農家側に約束したのは、契約農家数を増やさないことだったという。広告宣伝を行うことで得られた売上を既存の契約農家に還元し、一戸当たりの売上が上がるよう画策したのである。

また、契約農家の経済的自立・一戸当たりの収益の拡大のための施策として、収穫できる農作物の質・量をより高めるための施策も行った。具体的には、農家同士の技術交流会「Ｒａｄｉｘの会」の立ち上げ、簡易的な土壌分析キットや農業器具の購入補助などに取り組んだ。農家への支援によって質と量を高め、農家と自社双方の持続的な成長を目指した。

象徴的な施策のもう一つが加工品への事業拡大である。生活者のライフスタイルの変化・女性の社会進出により、生鮮食品を購入し、手間暇をかけてまで調理を行わない生活者が増えてきた。加工品への事業拡大は、そうしたニーズの変化に合わせたマーケティング的な側面がありながらも、持続可能な社会実現のための思想やオーガニックというカルチャーの伝播という側面もあった。オーガニック食品を生鮮食品という形だけで販売するのではなく、加工品という形でも販売することで、誰もが有機野菜を手軽に取り入れられる環境を目指した。

加工品への事業拡大を行うにあたり、緒方氏は就任後、スーパーマーケットの品ぞろえをリサーチし、自社でも扱うべきものは何かを模索した。素材の品質はもちろん、会社の規模に合った少量生産を請け負うメーカーや工場を求めて、バイヤーたちが全国を飛び回った。２０００年当時、４０００程度だった品目数は加工品や野菜以外のカテゴリーを広げることで毎年数百ずつ増やしていった。女性の社会進出が進み、コンビニやファストフード業界でも趣向を凝らした加工食品が増えた時代に沿うように、「らでぃっしゅぼーや」の加工品は着実に人気を集めた。

一方で、オーガニックという観点でも、少しずつ潮目が変わり始める。「らでぃっしゅぼーや」としては、持続可能な社会の実現のための有機野菜という位置づけで、事業活動・啓蒙活動を行ってきたものの、それまでは有機野菜を購入するのは「自らの安心・安全」のためという生活者が主流だった。しかし、２０００年代になると、「環境」のために有機農業が重要であるという考え方が増えてきた。こうした潮流が生まれた背景として、容器包装リサイクル法（１

995年）や家電リサイクル法（1998年）などが公布されたことに加え、世界的には2002年に開かれた地球環境問題に関する国際会議が「持続可能な開発に関する世界首脳会議」や、その後、アカデミー賞を受賞し、後にノーベル平和賞にもつながった環境問題啓発をテーマにしたドキュメンタリー映画『不都合な真実』（2006年）などの影響が大きかった。

先ほども述べたように、「らでぃっしゅぼーや」としては、そもそもの母体が「日本リサイクル運動市民の会」であることからも、「持続可能性」という思想は設立当時から重要なキーワードであった。社会の潮目が変わってきたこともあり、2000年以降、「らでぃっしゅぼーや」は農作物を作って販売するだけではなく、ある意味、満を持して、その先にある廃棄やそもそもの食器など、食に関わる全ての工程へと持続可能性の概念を広げていった。具体的には、家庭の生ごみを対象にしたリサイクル事業「エコキッチン倶楽部」（2001年）や再生可能な「Re-食器」（2005年）を皮切りに、ドライアイスを回収・リユース可能な「超低温蓄冷剤」への順次切り替えに加え、2008年にグリーン電力証書「ENERGY GREEN」を利用した「GREENグリーンアスパラ」の販売等を行った。

また、思想の伝播という点で、「らでぃっしゅぼーや」が2000年以降本格的に取り組んだ施策が「食育」だった。これまで都市部の主婦を主たるターゲットとして、「らでぃっしゅぼーや」は事業展開してきた。これまでの既存のターゲットとの相性も良く、かつ持続的な社会を作るためのカルチャーを創り出すことが重要であるとして、子供にもターゲットを広げた。具体的には、「放課後NPOアフタースクール」と協力して横浜市の小学校の放課後を利用して、小学生向けに包丁の使い方などを教える無料の食育活動や、食体験を通して子どもの知恵と五感を育てる「食育教室」などを展開した。2007年にはオンライン上で食品添加物が何の目的で入っているのかを調べられる「添加物大事典」を開設し、食育の一環として、トレーサビリティのコンテンツも開発した。

また、後に撤退することになったものの、2009年に「らでぃっしゅぼーや」は農業へ参入した。2009年に農地法が改正され、企業の農業への参入障壁が大幅に下がったことがあったことに加え、「らでぃっしゅぼーや」の農業

図表6－3　2000年代の「らでぃっしゅぼーや」のカルチュラル・スケッチ

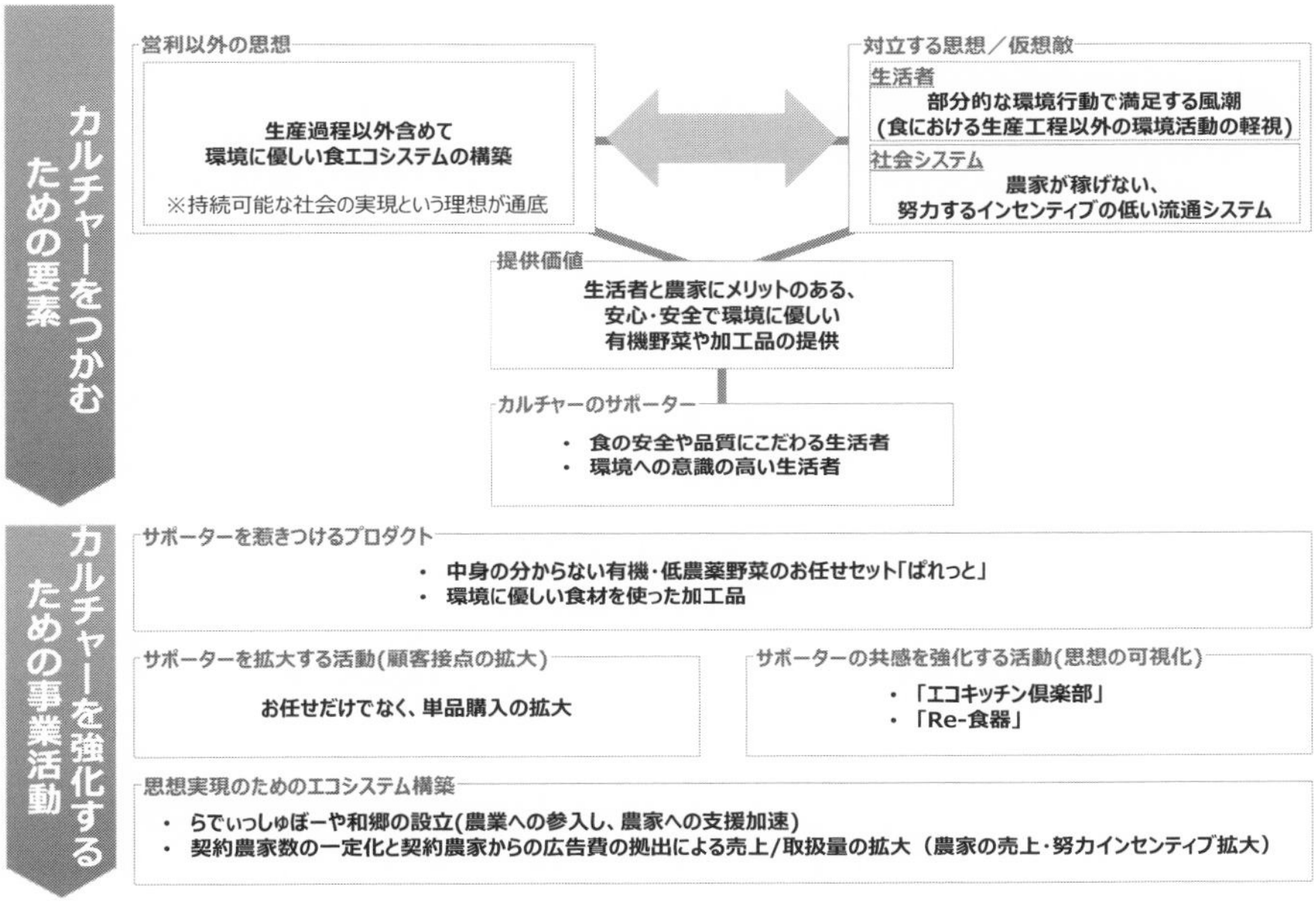
カルチャーをつかむための要素
営利以外の思想
生産過程以外含めて
環境に優しい食エコシステムの構築
※持続可能な社会の実現という理想が通底
対立する思想／仮想敵
生活者
部分的な環境行動で満足する風潮
（食における生産工程以外の環境活動の軽視）
社会システム
農家が稼げない、
努力するインセンティブの低い流通システム
提供価値
生活者と農家にメリットのある、
安心・安全で環境に優しい
有機野菜や加工品の提供
カルチャーのサポーター
・食の安全や品質にこだわる生活者
・環境への意識の高い生活者
カルチャーを強化するための事業活動
サポーターを惹きつけるプロダクト
・中身の分からない有機・低農薬野菜のお任せセット「ぱれっと」
・環境に優しい食材を使った加工品
サポーターを拡大する活動(顧客接点の拡大)
お任せだけでなく、単品購入の拡大
サポーターの共感を強化する活動(思想の可視化)
・「エコキッチン倶楽部」
・「Re-食器」
思想実現のためのエコシステム構築
・らでぃっしゅぼーや和郷の設立(農業への参入し、農家への支援加速)
・契約農家数の一定化と契約農家からの広告費の拠出による売上/取扱量の拡大（農家の売上・努力インセンティブ拡大）

出所：著者作成

参入は1次産業の復権、農家の経済的自立という思想に基づいていた。自らが農業を始めることで一気通貫したサービスを構築する一方で、農業に従事すると法的に農業生産法人への出資が緩和されるため、農家への資金援助、法人化支援を加速させる目的があった。農業生産法人の和郷と業務提携し、千葉に農業生産法人「らでぃっしゅファーム和郷」を設立した当時、緒方氏はこう語っている（山下２０１０）。

（成功する農家は）農業が稼業ではなく、事業になっている。（中略）問題意識を持っていて、やる気のある農家を資金的に援助し、また取引ルートの確保という支援を行いたい。（中略）私たちのような企業が資金を出して、生産技術を持っている農家の方々と協力して、ある程度集約された規模の大きな農業を営んでいくことが必要なのだと思っています。

なお、このような施策や活動をする傍ら、企業体としても変化があった。企業としてさらなる事業拡大のため、2006年に大手ベンチャーキャピタルのジャフコの支援を得てキューサイからMBO（経営陣買収）を実施。ジャフコ・らでぃっしゅMBO株式会社が（旧）「らでぃっしゅぼーや株式会社」を吸収合併すると同時に、（新）「らでぃっしゅぼーや株式会社」に商号変更し、会社として独り立ちをした。緒方氏は経営者であり実質的なオーナーになった。なお、緒方氏の就任からこの時点で、会員数は5万7，000人から9万人に、売上高は138億円から210億円に拡大しており、持続可能な農業のための事業拡大は成功したといえる。2008年12月にはいよいよJASDAQ市場へ上場し、緒方氏が就任当初から視野に入れていた一つの区切りを迎えた。調達資金は物流や顧客管理システムの整備に充てることで、さらなる事業の拡大を目指した。

「らでぃっしゅぼーや」転換期：2010年以降～

本章での、「らでぃっしゅぼーや」の中核的部分は2000年代までとなる。2010年代、「らでぃっしゅぼーや」がNTTドコモの傘下に入るまで、どのような軌跡を歩んだのか、簡単にまとめよう。

まずは、2015年に徳江氏が『月刊商業界』に寄稿した「2015年、オーガニックが本気の時代に入る」という記事の内容の一部を紹介したい。ここから、オーガニック黎明期からその普及と企業成長に寄与してきた徳江氏が捉えた2010年以降の市場動向が分かる。

東京の西の郊外、羽村市に「福島屋」というスーパーマーケットがある。「らでぃっしゅぼーや」の福島徹会長本人はいう、「売るではなく伝える」と。では、伝えるとは何か、どう伝えるのか。彼の答えはこうだ。「『売れそうか？』ではなく、『役に立つか？』を問う」。多くの試行錯誤を積み重ねた結果の至言であろう。売場も、見る者が見れば、伝える仕組みが網の目のように張り巡らされている。（中略）ある意味、有機農産物、「オーガニック」というコンセプトをのせる土台がしっかりとできているという感じである。福島氏はその土台を「生・販・消一体型MD（マーチャンダイジング）」という。まさに生産者、販売者、生活者が一体となり、情報を共有し、生活者も商品作りに参加していく。会員制販売に不可欠な仕組みを、オープンな売場で展開している。顧客というよりはパートナーをつくるＭＤであり、まさに「売るではなく伝える」ということなのだ。私はこの福島屋がつくり上げてきた「生・販・消一体型ＭＤ」が普遍化すれば、日本のオーガニック市場は本格化し、さらには地域商品を地域で売るという、地域に根付く食品スーパーの復活が具体化すると思うのである。

「らでぃっしゅぼーや」が相対してきた食に関するカルチャーは、これまで述べてきたように、自らの健康を考えた安心・安全の食から、社会まで視野を広げた持続可能性のある食へと少しずつ変化してきた。２０１０年以降、日本社会ではスローフード、地産地消、フェアトレード、エシカルといった言葉が定着し、より広い概念である持続可能性のある食への変化がより加速された。つまり、当初は、「食のカルチャー＝オーガニック」は、農家という単独のステークホルダーの、生産という一つの工程における環境への配慮に留まったものだった。しかし、２０１０年以降になると、環境や持続可能性への配慮が当たり前となり、持続可能性のある社会の実現のために、食に関わる農家以外のステークホルダーと、生産以外の工程における環境配慮へと拡張したものとなったのである。つまり、２０１０年以降は「社会道徳としてオーガニック」、「持続可能性のある食エコシステム構築」の時代になったと考えられる。

こうしたカルチャーの変化に先んじて、２０００年代、「らでぃっしゅぼーや」は食育という形で「社会道徳としてのオーガニック」の普及を開始しており、２０１０年以降も食育活動を継続・拡大した。会員情報誌「おはなしサラダ」の子ども版として、会員家庭の子ども向けに食をテーマにした情報誌「コドモサラダ」の発行や、「キッザニア東京」への出店（２０１１年）を果たしている。

思想の伝播や実現の活動を行う一方で、「らでぃっしゅぼーや」は、時代の流れに合わせたマーケティング活動の強化も図っている。その最たるものが、ＮＴＴドコモによる子会社化（２０１２年）である。インターネットが当たり前

図表6－4　2010年以降の「らでぃっしゅぼーや」のカルチュラル・スケッチ

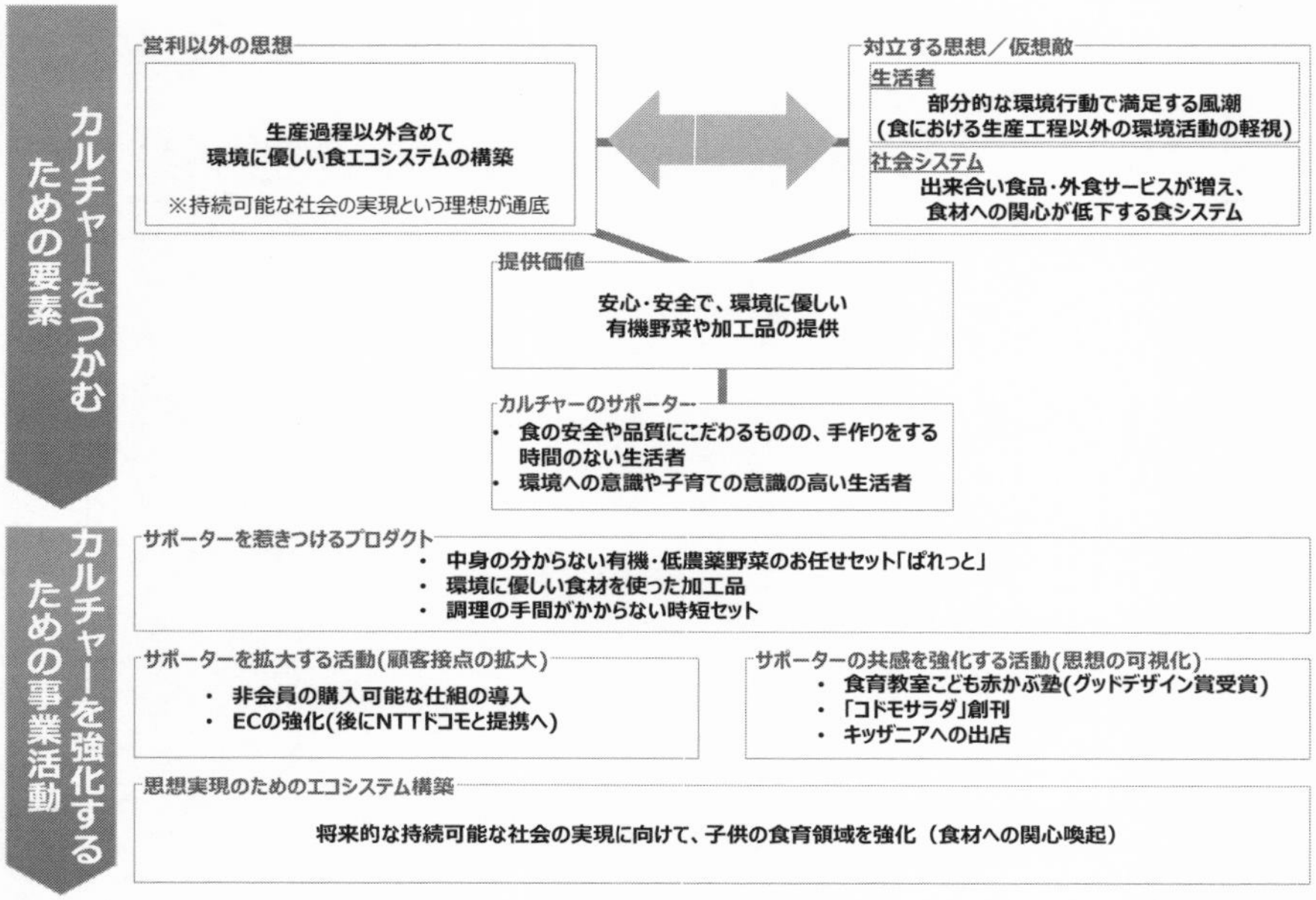
カルチャーをつかむための要素
営利以外の思想
生産過程以外含めて
環境に優しい食エコシステムの構築
※持続可能な社会の実現という理想が通底
対立する思想／仮想敵
生活者
部分的な環境行動で満足する風潮
(食における生産工程以外の環境活動の軽視)
社会システム
出来合い食品・外食サービスが増え、
食材への関心が低下する食システム
提供価値
安心・安全で、環境に優しい
有機野菜や加工品の提供
カルチャーのサポーター
• 食の安全や品質にこだわるものの、手作りをする
時間のない生活者
• 環境への意識や子育ての意識の高い生活者
カルチャーを強化するための事業活動
サポーターを惹きつけるプロダクト
• 中身の分からない有機・低農薬野菜のお任せセット「ぱれっと」
• 環境に優しい食材を使った加工品
• 調理の手間がかからない時短セット
サポーターを拡大する活動(顧客接点の拡大)
• 非会員の購入可能な仕組の導入
• ECの強化(後にNTTドコモと提携へ)
サポーターの共感を強化する活動(思想の可視化)
• 食育教室こども赤かぶ塾(グッドデザイン賞受賞)
• 「コドモサラダ」創刊
• キッザニアへの出店
思想実現のためのエコシステム構築
将来的な持続可能な社会の実現に向けて、子供の食育領域を強化（食材への関心喚起）

出所：著者作成

になり、生活者の買い物行動が変化する時代の中で、流通の強化・再構築を図ったのである。具体的には、ローソンと協業した全国配送のネットスーパー「らでぃっしゅローソンスーパーマーケット」開設（2011年）、NTTドコモの新ショッピングサイト「dショッピング」での販売開始（2012年）、楽天市場・アマゾンなどへの出店（2015年）などが挙げられる。また、女性の社会進出がより拡大し、共働きが定着してきたことで時短ニーズが高まると、献立キット「私が仕上げる10分キット」（2014年）や生鮮品と加工食品等をセットにした商品「らでぃっしゅクラブ（2013年にサービス名をセレクトサービスに変更）」など、サービスの強化も推進した。

2018年にはオイシックスドット大地（現オイシックス・ラ・大地）が「らでぃっしゅぼーや」の100％株式を10億円で取得し、新社長にオイシックスドット大地の高島宏平社長が就任。そして、2019年6月時点では、オイシックス・ラ・大地株式会社へ吸収合併されている。以上が、時代に沿った「らでぃっしゅぼーや」の活動の系譜である。

Ⅲ．「らでぃっしゅぼーや」に見るカルチャー活用方法と効用

時代ごとに企業活動を振り返ってみると、「らでぃっしゅぼーや」が変わらずに提案してきた思想は「持続可能な社会の構築」とその象徴としての「持続可能な有機農業の普及」という明快なものだった。本章の最後に、「らでぃっしゅぼーや」がどのようにカルチャーを活用してきたのか、そしてどんな効用があったのかをまとめたい。まず活用方法を述べて、次に効用について述べるのが一般的な順序であるが、活用方法のほうが「らでぃっしゅぼーや」の特徴が出ているので、今回はまず効用について述べてから、次に活用方法について述べたい。「らでぃっしゅぼーや」がカルチャーを経営活動・事業活動に活用した効用は、大きく3つある。

効用①：生活者にとっての不利益の解消や価値転換

まず1つ目は、高価格や商品が自由に選べないことなど、生活者にとっては一見購買を敬遠してしまうようなことが、思想があることにより受け入れられやすくなることである。「らでぃっしゅぼーや」の商品は、有機野菜ではない商品と比較して高価格であったが、生活者に受け入れられた。また、ある意味、「らでぃっしゅぼーや」側の都合でセットとなったお任せプランの「ぱれっと」も受け入れられた。これら、一種の不利益が生活者に受け入れられ、「高価格だからこそ美味しそう」、「選べないからこそ、ワクワクする」と価値転換できたのは、背後に思想があり、その思想に対する共感が大きい。

効用②：顧客の事業パートナー化

2つ目の効用は、顧客自体が自主的に事業拡大のパートナーになる点である。もちろん、思想に基づいていない商品やサービスも品質が良ければ、口コミによって顧客が商品・サービスの伝道師になることもある。しかし、背後に思想

があるからこそ、商品やサービスを購入すること自体が、生活者にとって態度や思想、価値観の表明の意味合いを帯びることになる。それゆえに、顧客は商品やサービスのリピーターになりやすいだけでなく、事業拡大のサポーターになりやすい。「らでぃっしゅぼーや」においても、黎明期を支えたのは意識の高い主婦たちであった。安心・安全といった生活者にとっての直接的な価値だけではなく、環境や有機農家を支えるという意識で商品を購入していた主婦たちは、「らでぃっしゅぼーや」の自主的な伝道師として事業拡大に大きく寄与した。

効用③：生活者に受け入れやすい事業拡張の実現

3つ目の効用は、スピーディーな事業や商品・サービスの拡張の実現である。機能価値やそれを支える技術や特徴、強みで事業ドメインが規定されている場合は、事業拡張をしようとすると、プロダクトアウト視点となり、生活者や社会にとって価値が分かりづらく、事業拡張が生活者や社会に受け入れられるのに時間やコストがかかってしまう。一方で、「らでぃっしゅぼーや」のように思想で事業ドメインが定義されている場合には、生活者や社会に価値や意味合いが分かりやすく、事業や商品・サービスの拡張が受け入れられやすい。つまり、「らでぃっしゅぼーや」においては、「持続可能な社会の構築」や「地球環境の保全」という思想に基づき、事業ドメインが定義されていたがゆえに、当初は有機野菜だけを取り扱っていたにも関わらず、その後、効率的に他の生鮮食品や加工品等に広げることが可能となっていた。

以上3つのカルチャー活用の効用を享受したからこそ、「らでぃっしゅぼーや」は長年にわたって事業成長を遂げることに成功した。では、このような効用を得るために、「らでぃっしゅぼーや」がどのようにカルチャーを活用したのか。ここまでにすでに事業成長の変遷を追ってきたが、改めてカルチャーの活用方法についてまとめたい。「らでぃっしゅぼーや」の事例で見られた特徴的なカルチャー活用のポイントは、以下の5つである。

活用のポイント①：目の前の顧客や市場から一歩引いた理想起点で思想を設定する

経営やマーケティングの世界では、顧客やニーズ起点にすべきという論調が強い。しかし、カルチャーを捉えるためには、目の前の顧客や彼らの持つニーズを短絡的に受け入れてはならない。今でこそ持続可能性のある社会の実現という思想が当たり前のように広がってきている。しかし、「らでぃっしゅぼーや」の事例で理解いただいたように、彼らが事業活動を行っている当時は経済成長や経済合理性のほうが多数派であった。目の前の顧客やその声をそのまま受け入れてしまうと、彼らのような思想を持つことはできなかったはずである。顧客やその声からは一歩引いて、長期視点に立って社会や趨勢を見極め、自分たちが理想とする社会は何か、どんな世の中にしていきたいのか、理想を起点に思想を設定することが重要になる。

活用のポイント②：時代に合わせて、思想を活動に落とし込む

１つ目のポイントで、市場起点ではなく、理想起点にすべきと述べた。そのポイントと矛盾するようではあるが、時代ごとの社会風潮や市場環境に合わせて、思想を事業活動に落とし込むことが重要になる。理想起点で規定された思想は、長期的な視点に基づいており、高尚な内容になりやすい。だからこそ、それをそのまま直接的に事業活動に落とし込んでしまうと、市場から受け入れづらいものになるリスクも孕んでいる。それゆえに、移りゆく社会風潮や市場環境を見極めながら、理想と現実とのバランスを取らなければならない。「らでぃっしゅぼーや」も、根底には持続可能性のある社会の実現という考えを持ちながらも、社会風潮や市場環境に合わせて、当初はリサイクル運動やフリーマーケットを行いながらも、時代に合わせて有機農業への転換をしたり、有機農業を進める際にも、当初は環境に良いことを謳うのではなく、安心・安全であるという機能を訴求したりするなど、時代に合わせて思想を活動に落とし込んでいた。

活用のポイント③：仮想敵として社会システムにも目を向け、思想実現のエコシステムの構築を目指す

「らでぃっしゅぼーや」の事例以外では、仮想敵として設定する対象は社会風潮や特定の商品・サービス群であるのに対し、「らでぃっしゅぼーや」では、農作物の流通システムという社会システムが仮想敵となっていた。一見、ある思想に基づいて生活者によって構築されている社会システムを仮想敵に設定することは、造作もないことのように思われる。しかし、当たり前のように暮らしの中に存在し、生活基盤となっている社会システムに疑問を抱くことは難しい。だからこそ、意識的に社会システムに目を向け、敢えて疑い、より良い仕組みはないのかを考えることが重要である。その結果、社会システムを仮想敵として設定でき、それを変えていけるのであれば、それは思想実現のエコシステム構築につながることを意味する。

活用のポイント④：顧客を育成していこうという態度で臨む

先にも述べたように、顧客を重視すべきという論調が強い。しかし、事業活動にカルチャーを活用する際には、顧客に合わせるのではなく、顧客を育成していこうという態度が重要になる。「らでぃっしゅぼーや」の事例で分析した仮想敵を見ていただいたとおり、自分たちが理想とする思想とは反する思想を持った生活者が大勢を占める。そのときに顧客起点で顧客を重視しようとすると、自分たちの思想からはズレてしまう。そもそも自分たちの思想に共感する顧客は少ないことを前提として、自分達の思想に共感する顧客を育てていく態度を持つべきである。「らでぃっしゅぼーや」の事例においても、最初は共感が得られなかったとしても、会員誌の発行や農場見学等の活動を通じて、思想への顧客の共感を高めていった。

活用のポイント⑤：思想を可視化するシンボルを創る

人においても言葉よりも行動といわれるように、企業においても同様で、言葉だけでは思想に対する生活者の理解や共感を得られない。特に理想を語る思想は、現実離れをしていることが多く、言葉だけでは生活者の理解や共感を得られない可能性が高い。「らでぃっしゅぼーや」の事例においても、持続可能性のある社会の実現という理想を言葉だけ掲げるのではなく、土付き野菜やＲＡＤＩＸ、Ｒｅ-食器のような、目に見えるシンボルを創ることによって、生活者の理解や共感を得ることができた。

【特別コラム】「らでぃっしゅぼーや」成長をけん引した緒方大助氏のカルチャーのつかみ方

私が「らでぃっしゅぼーや」の社長に就任した2000年以降、それまで「らでぃっしゅぼーや」が大切に育ててきた「有機野菜を正しく普及する」というコンセプトがさらに認知されるだろうという確信がありました。一つには、農作物などの狭義のコンセプトから、環境保全などの広義のコンセプトが受け入れられ始めたという背景があります。加えて、持続可能であるためには、ビジネスとして成り立つ必要があり、環境保全などの活動がきちんと経済的に成り立つものでなくてはいけないという概念が浸透していたのです。だからこそ、「らでぃっしゅぼーや」としても、社会と環境と経済の調和がとれているものこそが持続可能だという信念を持ち続けるようにしたのです。

もう一つの背景は、生活者が物量的なものの充足から解放されていくと考えたことです。モノ消費からコト消費といわれる中で、高級なものを持っていることがいいわけではないという空気感が生まれ始めていました。こうした価値観に「らでぃっしゅぼーや」が提案する有機野菜などはまさにぴったりだったのです。

私がカルチャーや空気感を掴むために意識していたことは、生活者目線を忘れないこと。自分なら使うのか、という視点は持ち続けていました。社内においても、私が判断をするのではなく、こうした目線・モノの見方を教えて、その物差しで判断することを徹底させました。

そして、もう一つ意識していたことは、ノイズに触れること。もともと関心外だった情報に接することです。インターネットを使った情報収集では、興味のある情報を効率的に得ることができますが、関心外の情報は入って来ず、自分の視座・視点でしか社会を見ることができません。一方、新聞・雑誌には関心外の情報が沢山載っています。目に入ったニュースに興味が無かったとしても、週刊誌の巻頭に載っていれば、世の中のおじさんたちがそこに関心を寄せていると分かります。これが「良質なノイズの獲得」です。私はもはやノイズに触れない生活が不安で仕方がないほどですが、こうした感覚を持つことが少しでも役に立つのではないでしょうか。

【参考文献】

週刊東洋経済（2009）「儲からない農業よさらば！農家と生活者、ともにメリットのある農業の仕組みをつくり上げる。」『週刊東洋経済2009年4月25日号』東洋経済新報社
高見裕一（1998）『出る杭になる出る杭になる―NGOでメシを食う！』築地書館
徳江倫明（1999）『農業こそ21世紀の環境ビジネスだ』たちばな出版
百歳元気新聞「日本リサイクル運動市民の会「らでっしゅぼーや」にみる有機作戦」1997年9月10日
山下一仁（2010）『企業の知恵で農業革新に挑む！―農協・減反・農地法を解体して新ビジネス創造』ダイヤモンド社

高橋悠一郎

第7章

カルチャーで、ビジネスを成功させた事例：ビームス

Ⅰ．企業概要

1．40年間、安定的な成長を遂げてきた目利きの天才〝ビームス〟

ファッションは飽きられやすい。流行は目まぐるしく変化していき、先日まで誰もが身に着けていたファッションアイテムがあっという間に旬を過ぎてしまっている。それらのファッションアイテムを提供するブランドやショップも、5年や10年の単位で次々と入れ替わる。そういえばあそこはどうなったのだろうと、気づけばいつの間にか市場からいなくなっていることも少なくない。

そんな中、40年間、安定してビジネスを伸ばし続けているブランドがある。それが、ビームス（BEAMS）だ。1976年に原宿に6坪ほどの小さなショップを開店して以来、ビームスは常に時代の半歩先を読みながら、その時々の市場の空気にフィットしたカルチャーを提案することで業績を伸ばし続けてきた（図表7－1）。素早く移り変わるトレンドをしっかりとつかみつつ、変わらない思想と世界観を維持し続けたバランス感覚は、今やファッション業界だけでなく、自動車・家電・情報機器・ホテルなど、あらゆる業界が得るべき普遍的なノウハウとして脚光を浴びている。

浮き沈みの激しいファッション業界の中で、これほど長期にわたって持続的に事業成長を続けてきた背景には、きっと何か秘密があるに違いない。本章では、ビームスがどのようにカルチャーという目に見えない時代の動きを読み続けてきたのか、またどのようにして新たなカルチャーを提案し生み出し続けてきたのか、その成功の源泉について考えていきたい。

2．ビームスの思想

ビームスは当初、自社製品を扱わないセレクトショップであるがゆえに、自らの目指す姿を「モノを通して文化をつくる〝カルチャーショップ〟」として掲げていた。ただモノそのものを提供するだけでなく、そのモノが生まれた背景

図表7－1　ビームスの売上推移（1976年～2018年）

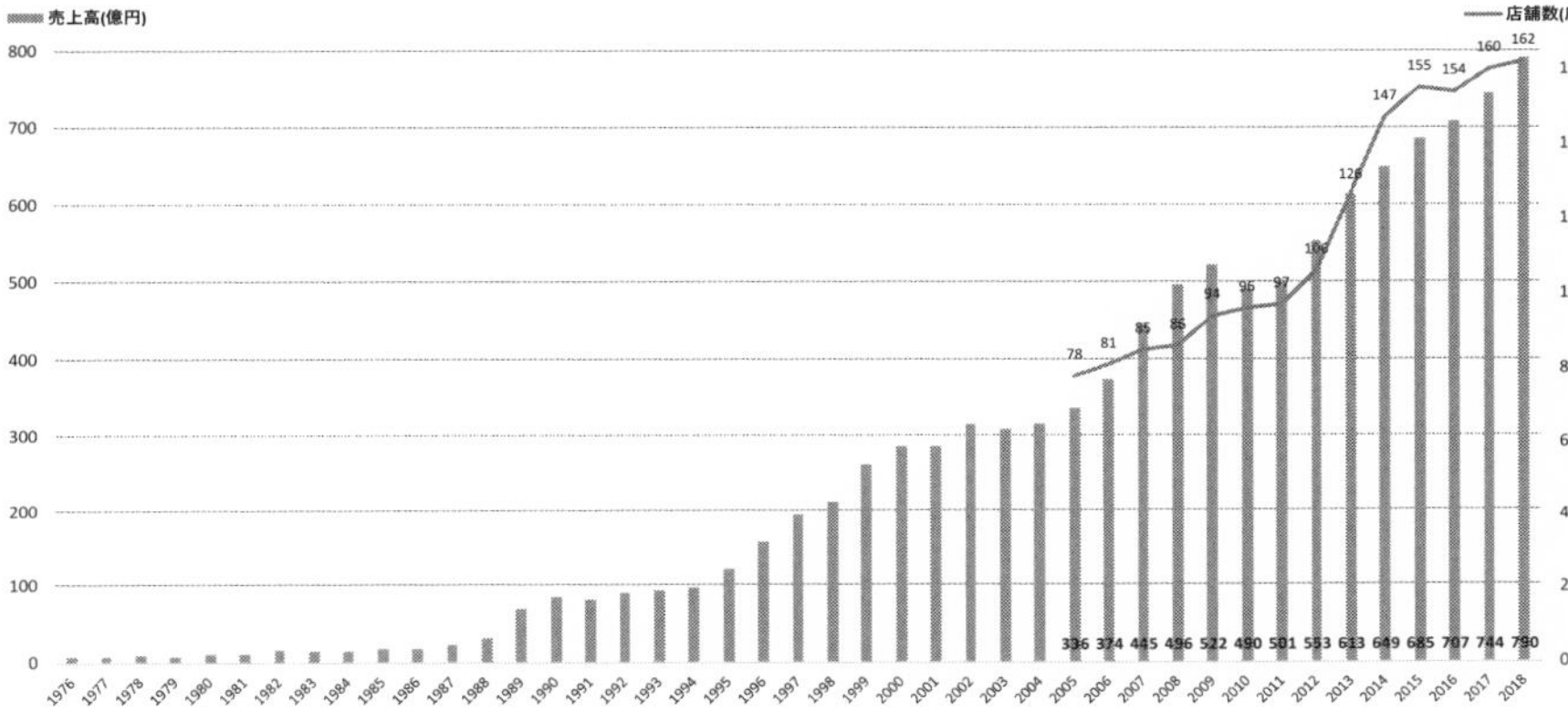

や時代性といった情報も併せて共有することで、モノの満足以上の価値を提供する組織となるべく、時代を経てその思想は一層明確になっていったといえる。時代を経ても共通してうかがえるビームスの5つの思想を確認していきたい。

① Happy Life Solution Company

ビームスの経営理念として2011年には記事等で紹介されるようになった言葉が「ハッピーライフ・ソリューション・カンパニー」である。設楽洋社長はインタビューで次のように紹介している。

> 100人いれば100人のビームスがあるということと同時に、ここに何か面白いこと、あるいは面白いもの、そういったものを見つけてきてやっていく集団、コミューンがある。この「何かやる」集団自身がビームスというブランドなんじゃないかと思うようになってきました。
>
> スターなきスター集団、それがコミューン。新しいものを見つけてきたり、面白いことをやったり発想したり、新しいことを起こす。一言でいえば会社の経営理念である「ハッピーライフ・ソリューション・カンパニー」になっちゃうと思うんですけど、「ちょっと手を伸ばせば届く夢を自分でつかもうとするよき生活者」の集団みたいな感じですかね。（中略）

今後ファッションや洋服というものは、以前ほど売れない時代になると思うんですね。全く売れないわけじゃないでしょうが、趣味の世界も含めて嗜好の範囲が広がっていますから、洋服好き以外の人が服を買うことが減っていく。

ただ、原点である「ハッピー」に対する捉え方みたいなものは、永遠に変わらないと思うんです。これを切り口にしたビームスというのは変えたくない。洋服にこだわらず「ハッピー」を切り口にした新しいビームスの世界をつくっていきたいですね。

ビームスは、常に何か新しいハッピーを追い求めて世の中に提案していく集団であり、そのこと自体がビームスの価値であり、企業として追い求める姿なのである、と設楽社長は明確に言い切っている。だからこそ、企業として順調に成長しながらも上場する、とかシェアナンバーワンになる、といった営利目的を至上命題にしないのである。この思想は、次の発言からも設楽社長の父の代から引き継がれている思想だといえる。

前会長である父が常々言っていた言葉に、「山、高きが故に貴からず。緑、濃きをもって良しとす。」というのがあります。

会社に置き換えてみましょうか。売上や利益が大きくても、禿山じゃどうしようもないわけで、やっぱり小さくても緑がしっかりと繁っている濃い山が尊い山なんだよ、ということですね。

シェアナンバーワンになるだとか、全国○店舗を目指すだとか、上場するだとか、そういう野心のある経営者は多いけれど、理念のある経営者は少ないんじゃないか、と父は言っていたわけで、それを私が引き継いだということです。

事業計画のようなものは出しますが、「何年後、何店舗、何百億円を狙います」ということが大前提になることは

ありえないですね。（中略）
よく「上場しないのか」といわれますが、お金だけのことを考えたら上場したほうが金銭的には社員は幸せなのかもしれないけど、その代わり儲からないと分かってても面白いからやっているようなことができなくなるわけで。

企業であるからには儲ける、ということも重要ながら、自分たちが面白がれることをやる組織としてビームスを続ける。その思想には、アパレル企業でありがちなチェーンストア型、ＳＰＡ型の規模を追求する事業展開とは一線を画している。通常であれば、一つのひな形となる店舗、事業モデルを作って、次々に同じフォーマットで展開することのほうが事業効率良く規模を追求できる。しかし、それで面白いことができるのか？　という問いが常にビームスが問いかけていることではないだろうか。

ビームスの副社長である遠藤恵司氏も同じ思想から、ビームスが目指すブランドの姿について「陳腐なものに反骨精神を持ち、半歩先をいくパイオニアとして気概をもつブランドでありたい。」と明言している。

この一貫した企業の思想は、ある種「効率を追求して儲かればよい」という権威主義的な思想に対するアンチテーゼとしての自由主義の思想といえるのではないか。この自由主義的な側面がある種、遠藤氏の言葉に凝縮しているといえる。すでに構築された成功の法則を打ち破って、常に新しいモノ、コトを提案し続ける。その姿勢に対して顧客も共感しているからこそ、顧客と共に持続的な成長ができている。設楽社長はビームスのお客様像について、まさにこの企業思想に参加、反応、応援してくれる人、と定義している。

ビームスが捉える「いいお客様」というのはやっぱり次の時代、次の自分自身を前向きに、明るくハッピーにしていこうという気持ちがあるお客様なのかなと思います。自分で積極的に新しい時代に踏み出そうとしている人、ビームスが提案している新たなライフスタイルであったり、時代みたいなものに積極的に参加して、反応してくれて、応援してくれる人でしょうね。

筋というのはビームス的なカルチャーやライフスタイルに関わり続けていくこと。「こっちが儲かる」というよりも「こっちのほうが楽しい、面白い、ハッピーだ」という基準で選択することです。

大きく儲けるよりも、面白いモノを提供したい。非効率で儲からないけれどもユニークな商品を揃える、というファッションの醍醐味を徹底してきたから、ビームスは現在のポジションを築けたといえるだろう。

② BIG MINOR SPIRIT

76年の創業当初より、ビームスでは〝アンチメジャー〟的なこだわりが徹底されてきた。バブル期の豪華絢爛なファッションを横目に敢えてシンプルでベーシックなコーディネートの〝渋カジ〟ブームをけん引し、90年代のコギャルブームの最中に敢えてユニセックスなテイストの女性向けショップ「ビームスボーイ」を立ち上げて脚光を浴びた。出店場所も「一等地から一歩下がったところ」を選択することが多く、もともとの発祥地であった原宿も、今でこそショッピングエリアとして確立されているが、創業当初は住宅地が中心の未発達の街だった。

「わざわざその店に行く」という希少性を武器に固定客を獲得してきた時代が長かったビームスにとって、「知る人ぞ知る」から「誰でも知っている」へシフトし始めたのは2000年代から。自分たちの〝アンチメジャー〟的な立ち位置が維持しきれなくなったことに危機感を覚えた設楽社長は、次の時代に主流となる小さな光を発見できる目利き力を新しい〝MINOR〟と定義し、それを大きく育て上げられるビームスの組織力を〝BIG〟と定義した。ビームスは広く知られるようになっても、ビームスが提案するカルチャーは常に新鮮で新しい。それが、ビームスが大切にしている組織の強みなのである。

③ BASIC & EXCITING

ビームスのショッピングバッグにプリントされている有名なキャッチフレーズが「ベーシック＆エキサイティング」だ。一見、相反するような異なるテイストである、ベーシックとエキサイティングの両面を表裏一体として融合する思想は、ビームスの表通りを避けた裏通りでの出店戦略や店舗デザイン、商品のセレクトからオリジナル商品開発まで一貫してうかがえる。

設楽社長はビームスの十八番である他社とのコラボレーションで、ベーシック＆エキサイティングのありようをビームスらしさとして紹介している。

他社とのコラボレーションをするケースは2種類。両極端なんですよ。パロディであったり、シャレであったり、一見時代の徒花のような、ファッション要素があるもの。長く続くものではないけれど、発想自体が面白かったりおしゃれだったりするから、インパクトによって時代が振り向いてくれる要素のもの。それと、目立たないけれどずっと続いている職人気質のもの。その両面があるのがビームス。中間はそんなにいらない。たとえば映画とのタイアップをするとしたら、単館でやるようなこだわりを持った映画か、すっごく笑えるB級香港映画で、ハリウッドではやらない。それってビームスっぽいでしょ。

まさに目立たない職人気質な部分がベーシックであり、長く続かないがファッション要素があるエキサイティング、この両面が一つの企業、店舗から打ち出されることが相反する魅力を伴ってビームスのファンを引き付けてやまない理由であろう。

④ GLOBAL EYE

ここでいう「グローバル」とは、国境だけでなく、業界やジャンルを超えた視野を持っていることを意味している。

原宿1号店の看板に掲げた〝AMERICAN LIFE SHOP BEAMS〟という言葉そのままに、ビームスが対象にしてきたものは当初からファッションだけでなく人々の生活すべてである。はじめこそ衣類を販売するショップが中心だったものの、90年代には小物、雑貨、家具、音楽、映画にまで幅を広げ、2000年代からは異業種コラボにも積極的に乗り出すことで幅広いジャンルからカルチャーを生み出すことに成功してきた。その視野の広さを支えるのは、個性豊かな社員たちである。特定の商品やジャンルに対して強いこだわりを持つ個人を商品の企画や調達に積極採用することで、常に新しい領域で面白いことを発見し続ける組織を作り上げている。

⑤LIFE STYLE CREATOR

ビームスの設楽社長は雑誌のインタビューでライフスタイルの位置付けについて次のように語っている。

ファッションとは川のように流れているものと、底のほうに沈殿しているものがある。表面を流れているものがトレンドで、底に沈殿しているものがライフスタイル。その両方をウチはやっている。それが長く続いた秘訣かなと思う。

旬を追いかけることはファッションブランドとしては必須であり、常に新しいものを生み出し続けていなければ飽きられてしまう。しかし旬を追いかけるだけでは固定ファンがつかない。変わらないアイデンティティは、「ここに行けばきっと何か見つかる」という顧客の感覚的な期待感につながる。ビームスはただ次に流行するアイテムを次々と当ててきただけではなく、そうしたアイテムを通じて生活者のライフスタイルを提案し創造してきたからこそ、ファッション市場において代替の利かない強固なポジションを築き上げることができたのではないだろうか。

ビームスがどのようにしてカルチャーの変遷と共に成長を遂げてきたのかを探るべく、創業期の1970年代から2

図表7－2　ビームスのカルチャー年表

		1970年代	1980年代	1990年代	2000年代	2010年代
カルチャーの動向	カルチャー因子	・個性の発揮 ・他人との差別化	・バブル景気 ・絢爛豪華	・独自の編集感覚 ・脱・欧米至上主義	・“感覚”による消費	・ちゃんとした自分 ・ほどほどな自分
	流行したキーワード	・アンノン族 ・ナウい	・トレンディ ・デラックス ・ステイタス	・価格破壊 ・マイブーム ・カリスマ	・癒し ・鈍感力 ・ゆとり ・草食系男子	・絆 ・リア充 ・フォトジェニック
ファッション市場の動向	ファッション中心世代（当時の20代）	・DC洗礼世代 ・しらけ世代 ・マニュアル世代	・ハナコ世代 ・新人類世代 ・バブル世代	・団塊ジュニア世代 ・就職氷河期世代	・プリクラ世代	・ゆとり世代 ・ハナコジュニア世代 ・LINE世代
	ファッションを取り巻く出来事	・アメリカのサブカルチャー文化が日本に渡来 ・an・an、non-no等ファッション雑誌が多数誕生	・デコラティブなアイテムを活用したDCブランドブーム ・シンプルなアメカジアイテムを活用した渋カジブーム	・ミニスカートにルーズソックスのコギャルブーム ・「衣類は部品」と機能性を追求したユニクロが台頭	・セレクトショップ御三家の影響力が高まる ・低価格・高品質を提供するファストファッションが流行	・若者のファッション離れが加速 ・セレクトショップ市場が飽和化 ・ワンテイストファッション流行
ビームスの動向	主な活動	・76年 原宿にて1号店をオープン ・77年 渋谷にて2号店をオープン	・80年末～90年初“渋カジ”をけん引 ・88年 設楽洋氏、代表取締役に就任	・衣類を超えてライフスタイルを提案するブランドに ・モノからコトへ	・ビームス集団としてメジャーブランド化 ・コトからヒトへ	・ビームスならではの”目利き力”を他業種に提供
	業績	・79年売上高約10億円	・89年売上高約90億円	・99年売上高約300億円	・09年売上高約450億円	・18年売上高(予測)約790億円

出所：著者作成

010年代現在までの「カルチャーの動向」「ファッション市場の動向」「ビームスの動向」を時系列の年表にまとめた（図表7－2）。

カルチャーの動向では、当時のファッションに大きな影響を与えた「カルチャー因子」と、当時「流行したキーワード」がまとめられており、景気などにも左右されながら人々のライフスタイルが移り変わっていく様子を読み取ることができる。

またファッション市場の動向では、各年代の「ファッション中心世代（当時の20代）」と「ファッションを取り巻くでき事」を記載している。ターゲット世代の移り変わりがファッション自体に与える影響が大きい。たとえば、70年代のマニュアル世代は雑誌を読んでファッションや休日の過ごし方を決める傾向が強かったのに対し、90年代の団塊ジュニア世代は独自の感覚でファッションを〝編集する〟ことでオリジナリティを出すことを重視しており、各年代におけるビームスの役割も大きく影響を与えている。

最後にビームスの動向では、ビームスの主な活動と業績の変化を整理している。このことからビームスが特に90年代に大きな成長を遂げていることだけでなく、その頃まさにライフスタイルブランドとして大きな変化を遂げ、モノだけの提供からコト（文化）の提案に舵を切ったタイミングと一致していることが分かる。各年代におけるビームスの戦略の移り変わりと、そうした戦略を打ち出した背景については次の「カルチャー戦略の変遷」にて詳しく見ていきたい。

Ⅱ．カルチャー戦略の変遷

ここまでに紹介してきたビームスの基本情報を踏まえ、実際どのようにビームスがカルチュラル・カンパニーとして進化してきたのか、「カルチュラル・スケッチ」で創業から現在までのビームス総体としてのカルチャー戦略を整理した。この俯瞰図を見ながら1970年代・1980年代・1990年代・2000年代・2010年代と10年単位で、ビームスのカルチャー戦略が年代とともにどのように変わっていったのかを時系列で追っていきたい。そのうえで、最後に振り返ってビームスのカルチャー戦略のポイントをまとめることにしよう。

1．1970年代：アメリカ文化が流れ込んだ「個性重視」の時代に、「UCLAの学生の部屋」をコンセプトに原宿でヒット

70年代の日本はアメリカンカルチャーに溢れていた。70年に大阪万博が開催され、71年にはマクドナルド1号店が銀座に開店、74年にはセブン-イレブン1号店が開店した。テレビで放映されるアメリカのホームドラマに映る大きなテレビやソファ、芝生のある家とかっこいい車に誰もが憧れた。学生時代の設楽社長もよく湘南や横須賀のベースキャンプに遊びに行き、アメリカのライフスタイルに胸を熱くしたという。

ファッションに対する考え方も大きな転換を迎えていた。60年代まで誰もが同じようなファッションを身に着けることが多く、ミニスカートが爆発的に売れた60年代後半、誰もが同じような短いスカートで街を歩いた。しかし70年代に

図表７－３　ビームスのカルチュラル・スケッチ

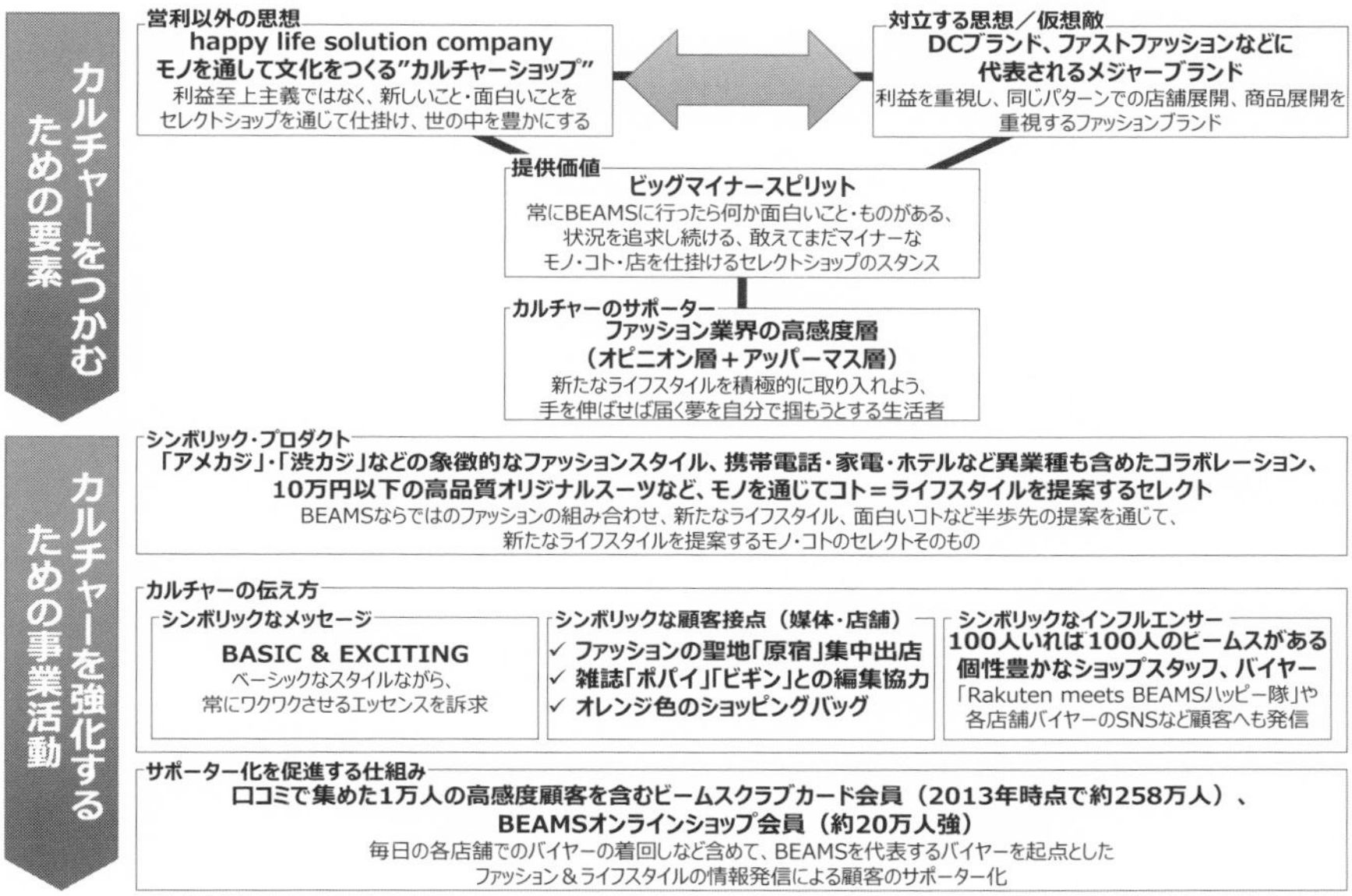
カルチャーをつかむための要素
営利以外の思想
happy life solution company
モノを通して文化をつくる"カルチャーショップ"
利益至上主義ではなく、新しいこと・面白いことをセレクトショップを通じて仕掛け、世の中を豊かにする
対立する思想／仮想敵
DCブランド、ファストファッションなどに代表されるメジャーブランド
利益を重視し、同じパターンでの店舗展開、商品展開を重視するファッションブランド
提供価値
ビッグマイナースピリット
常にBEAMSに行ったら何か面白いこと・ものがある、状況を追求し続ける、敢えてまだマイナーなモノ・コト・店を仕掛けるセレクトショップのスタンス
カルチャーのサポーター
ファッション業界の高感度層
（オピニオン層＋アッパーマス層）
新たなライフスタイルを積極的に取り入れよう、手を伸ばせば届く夢を自分で掴もうとする生活者
カルチャーを強化するための事業活動
シンボリック・プロダクト
「アメカジ」・「渋カジ」などの象徴的なファッションスタイル、携帯電話・家電・ホテルなど異業種も含めたコラボレーション、10万円以下の高品質オリジナルスーツなど、モノを通じてコト＝ライフスタイルを提案するセレクト
BEAMSならではのファッションの組み合わせ、新たなライフスタイル、面白いコトなど半歩先の提案を通じて、新たなライフスタイルを提案するモノ・コトのセレクトそのもの
カルチャーの伝え方
シンボリックなメッセージ
BASIC & EXCITING
ベーシックなスタイルながら、常にワクワクさせるエッセンスを訴求
シンボリックな顧客接点（媒体・店舗）
✓ ファッションの聖地「原宿」集中出店
✓ 雑誌「ポパイ」「ビギン」との編集協力
✓ オレンジ色のショッピングバッグ
シンボリックなインフルエンサー
100人いれば100人のビームスがある
個性豊かなショップスタッフ、バイヤー
「Rakuten meets BEAMSハッピー隊」や各店舗バイヤーのSNSなど顧客へも発信
サポーター化を促進する仕組み
口コミで集めた1万人の高感度顧客を含むビームスクラブカード会員（2013年時点で約258万人）、BEAMSオンラインショップ会員（約20万人強）
毎日の各店舗でのバイヤーの着回しなど含めて、BEAMSを代表するバイヤーを起点としたファッション＆ライフスタイルの情報発信による顧客のサポーター化

出所：著者作成

なると、くるぶしを覆うくらいのマキシ丈、ふくらはぎを隠すくらいのミディ丈など、スカート丈のバリエーションが広がった。同じアイテムを皆で着こなすのではなく、ファッションを通じて「いかに人と違う個性を出せるか」がお洒落のバロメーターとなった。

当時のファッション中心世代は「しらけ世代」とも呼ばれ、それまで盛んだった学生運動も沈静化し政治への関心が薄れて純粋にキャンパスライフを楽しんでいた。またこの世代は同時に「マニュアル世代」とも呼ばれており、「アンノン族（an-an や non-no などのファッション雑誌を片手に旅行する女性たち）」という言葉からも連想されるように、さまざまな情報誌をマニュアル代わりに何を食べるか、どこで遊ぶかなどを決めていた世代でもあった。

今では全国に１５０店舗以上を誇るビームスの１号店は、１９７６年、ひっそりと原宿に登場した。それも路面店ではなく2階で、人通りはほとんどない立地。また当時の原宿は今のようなファッションの街ではなく、一年に一回明治神宮に参拝するためだけにあるような街だった。そんな場所に店を構えたのは「当

時の原宿には、表参道と明治通りの角に『セントラルアパート』というマンションがあって、一階の『レオン』という喫茶店はおもしろい人の溜まり場になっていた。〝これからの街〟としての匂いがした。」と設楽社長は語る。

ショップ名は「アメリカンライフショップ ビームス」とし、コンセプトは「UCLAの学生の部屋」だった。店の商品はすべて設楽社長と仲間がアメリカの西海岸に行って買い出してきたスニーカーやTシャツなどの衣類に加え、スケートボードやロウソク立て、ネズミ捕り器などの雑貨も揃えた。まさに衣類だけでなく、設楽社長が憧れたアメリカのライフスタイルを伝えることを目的としていた。

しかし、ビームスの創業期を支えたのは独特の店づくりだけではなかった。設楽社長の広告代理店時代から付き合いのあったマガジンハウスのメンズ雑誌『ポパイ』の編集長とのつながりが大きな役割を果たした。ビームスと『ポパイ』は、ほぼ同時に世の中に登場し、創刊号の「カリフォルニア特集」にはビームスの紹介記事が掲載された。『ポパイ』はその後カリフォルニアのライフスタイルを伝える情報誌として圧倒的な注目を浴びることとなり、ビームスのショップやアイテムはその中で頻繁に紹介された。こうしてアメリカンライフに憧れる若者が雑誌『ポパイ』を通じてアメリカのサブカルチャー文化に触れ、仕入れた情報をもとにビームスで商品を購入するという行動パターンが自然に確立され、ビームスの成長を後押ししたのである。

2．1980年代：絢爛豪華なバブルファッションVSベーシックな〝渋カジ〟ブームをけん引するビームス

80年代の日本はバブル期に突入し、アルマーニ・ベルサーチ・シャネル・エルメスなどのインポートブランドがもてはやされた。斬新さ、トレンディ、ステイタスなどのキーワードのもと、女性の体形を美しく見せるボディコンや、全身を高級ブランドで固める〝ニューリッチOL〟がレストランやホテルなどの非日常な空間へ出かけていくシーンを多く見かけるようになった。

一方で、豪華に飾り立てたファッションとは異なり、Tシャツやポロシャツ、ジーンズやチノパンといったカジュア

ルなファッション〝渋カジ〟を好む若者たちも目立つようになった。多くの人がバブル消費に乗ってドレスやスーツなどのハレ着を纏っているのを横目に、彼らはその対極的な日常着的な服を着こなすようになっていった。まさにバブル景気が生み出した絢爛豪華なファッションの〝アンチメジャー〟として誕生したのが〝渋カジ〟だったのである。

そんな〝渋カジ〟ブームを焚きつけた陰の立役者がビームスであった。それもそのはず、バブル消費の豪華で気取った側面はそれまでビームスが築いてきた世界観とは全く別ものだった。ここでビームスは選択を迫られた。流行や時代性に迎合してショップやブランドのこだわりを置き去りにするか、いつの時代もカジュアルで良質なものを提供し続けたいというアイデンティティを大切にするか。ファッション業界において流行を最重視することが珍しくない中、ビームスはポリシーを失うことなく、絢爛豪華なバブルファッションに疑問を持つ若者たちと共に〝渋カジ〟という新しいカルチャーを提案し、共に育てることを選んだのである。

〝渋カジ〟ブーム真っ只中の80年代後半、ビームス生誕10周年を記念して作られたのがアイコニックなビームスのオレンジ色のショッピングバッグである。学生鞄の代わりに使われるなど広く愛用され、持ち歩くことが一種のステイタスにまでなった。このオレンジ色のショッピングバッグは、〝BASIC & EXCITING〟のコピーと地球モチーフのロゴマークを広く発信する役割を果たしただけでなく、同じバッグを持ち歩く人同士の間に緩やかな連帯感を生み出すことにも寄与した。

しかし80年代のビームスの功績はただ〝渋カジ〟ブームをけん引したことにとどまらない。78年、創業からわずか2年後に立ち上げた「ビームスF」という新レーベルがビームスの提供する価値を新たなステージへと引き上げた。ビームスFの「F」はFutureの「F」。ビームスファンが次に気にするべきモノ、次に着るべきモノを提案したいという思想のもとに産声を上げたのである。ビームスが初めてオリジナルアイテムを手がけたのもこのビームスFからだった。「こんなアイテムが欲しいのにどこにもない」という生活者の声から発想し、大阪のファクトリーと共同開発することで多数のヒット商品を世に送り出した。ただアメリカのライフスタイルを日本に紹介するだけでなく、ストリートの声を聞きながら能動的に新しいアイテムを生み出す術を得たことにより、半歩先のファッションを創造し提案できるブランドへと大きな一歩を踏み出すことができたのである。

3．1990年代：〝編集感覚〟重視による東京オリジナルのファッションスタイルをけん引し、衣類の枠を超えたライフスタイルブランドへ

91年のバブル崩壊により80年代の絢爛豪華な雰囲気は影をひそめ、ファッションの中心世代もバブル世代から団塊ジュニア世代にシフトしたことで、90年代はあまりお金をかけないカジュアルなストリートファッションが主流になり始めた。80年代に見かけることの多かった頭からつま先までブランド物で固めるスタイルはダサいと見られるようになり、シャツ、パンツ、腰に巻いたセーター、バッグ、靴といった組み合わせによって自分なりのこだわりを表現するようになった。〝渋カジ〟に続いて90年代初めに流行した〝紺ブレ〟は、紺地に金のボタンがついたフォーマルなブレザーにラフなジーンズを合わせるスタイルであり、このようなミスマッチなコーディネートはまさに団塊ジュニア世代の〝編集感覚〟を象徴している。こうしてファッションにおいて独自の編集感覚が重視されるようになったことにより、ただ欧米を模倣したスタイルではなく、東京オリジナルのファッションスタイルが生まれるようになったのである。

一方、90年代中盤から後半になると、日本発祥のSPAブランド「ユニクロ」が「洋服は道具である」というコンセプトのもと、徹底してリーズナブルでカジュアルな服を提供して大きな成功を収めていた。フリース素材の衣類を98年に200万枚、99年には850万枚を完売させ、通称「フリース旋風」という現象を巻き起こすほど人気を集めた。

それはすなわち、ファッションをもはや自己表現するためのモノではなく、あくまでも必要最低限のツールとして考える層が増えていることを意味していた。ファッション業界に限らず「価格破壊」という言葉が広く流行するほど、必要最低限の機能性を低価格で入手することを重視する人が増加し、個人消費は大きく冷え込んでいた。

90年代のビームスは、衣類の枠を超えてさまざまなジャンルへと急速にビジネスの場を広げていった。90年にはビー

図表7－4　ビームスがターゲットとする顧客層

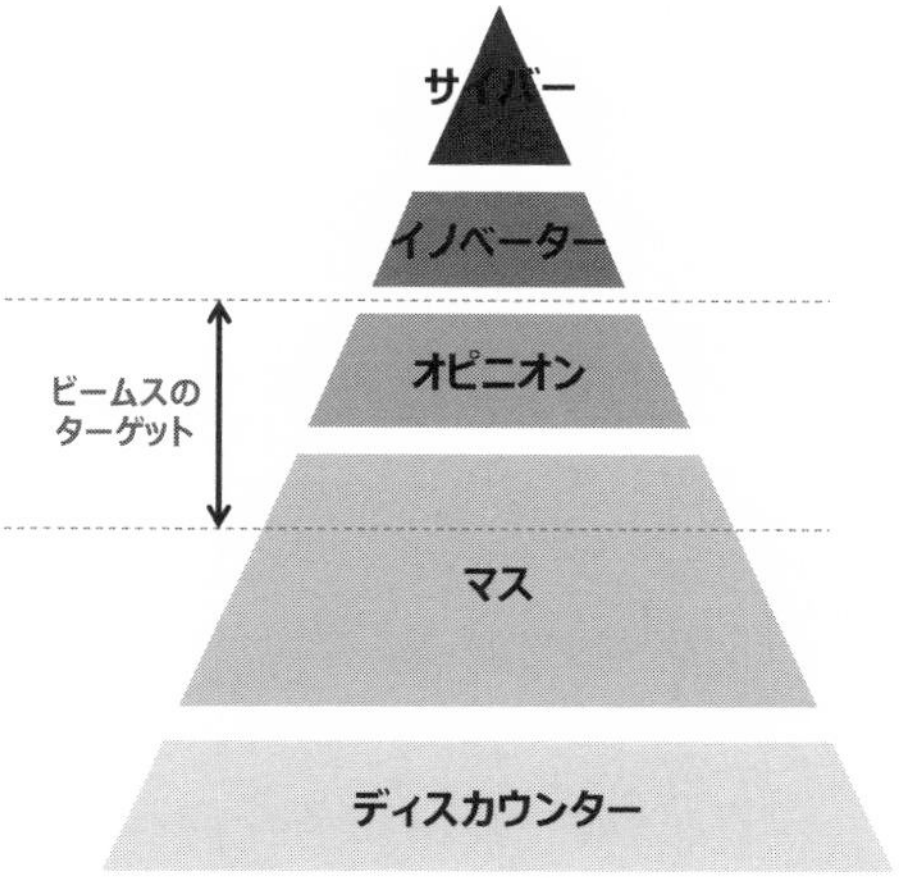

出所：著者作成

ムス初の飲食業態「ルーセントカフェ」を福岡にオープン。92年には雑貨やアクセサリーをジェンダーレスに提供する「bPr BEAMS」が展開を開始。95年にはロンドンのバイヤーが選び抜いたインテリア・家具を展開する「ビームスモダンリビング」がスタート。96年には渋谷に雑貨、衣類、カフェの複合店であり本格的なライフスタイル提案型のショップ「ビームスタイム」をオープンさせた。

中でも象徴的だったのは、98年に「セレクトショップからカルチャーショップへ」というコンセプトで新宿にオープンしたビームス最大店舗「ビームスジャパン」である。メンズとレディスにわたるカジュアルからスーツまでの洋服に加え、バッグや靴などの豊富なファッション雑貨から、インテリア雑貨や家具まで、ビームスの数々のラインナップがほぼすべて揃った。また最上階には新人アーティストやクリエイターの作品を展示する場として「Bギャラリー」が設けられた。まさにビームスが半歩先のファッションを提案するブランドから、半歩先の「ライフスタイル」を提供するブランドへと進化したことを象徴するかのようなショップであった。

一方、これらのショップは「部品として洋服を売っている」と公言するユニクロに対するアンチテーゼでもあった。個人消費が冷え込み、必要最低限の機能性を低価格で入手しようとする消費が主流となる中、モノをただモノとして打ち出すのではなく、あくまでライフスタイルの中で提案していきたいとするビームスの思想は相反しているかのように思われた。しかし90年代のビームスは、89年に約90億円だった売上高を99年には約300億にまで引き上げるなど、40年間の歴史の中で最も大きな成長を遂げている。団塊ジュニア世代の中には、単なるモノではなくカルチャーを背景に持ったモノにこそ関心を持ち、それらを独自の編集感覚で組み合わせて取り入れたいと考える層が少なからずビームスの思想に共鳴していたことを意味していた。

また、この頃から設楽社長はビームスがターゲットとしている顧客層について語る際、「気づきのタイムラグ」という概念を繰り返し活用するようになっていた。一般的な年齢やテイストで生活者を区分するのではなく、〝流行に気づくタイミング〟という感性軸で市場を区分しターゲットを整理する考え方である。流行の最先端を行く層を「サイバー」、次に流行に敏感な層を「イノベーター」、一般生活者の中でも割合早い段階で流行を取り入れる層を「オピニオン」、ボリュームとして流行を広げていく層を「マス」、終わりつつある流行をまだ引きずって身に着けている層を「ディスカウンター」と定義。この中でビームスが狙うべきターゲットは上から3層目の「オピニオン」と、4層目の「マス」の中でも比較的感度が高い「アッパーマス」という層であると設楽社長は語る。上位2層を狙っても市場が小さすぎるうえにすべての流行がマスに浸透するとは限らず、「オピニオン」と「アッパーマス」の流行感度は、ファッションの鮮度を保ちながらボリューム層である「マス」を射程に入れることのできるバランスの良い層であると判断した。「オピニオン」の欲するものをつかむことができるか否かが、ビームスが半歩先のライフスタイルを提案し続けられるかの鍵を握っていたのである。

またこうしたオピニオンやアッパーマスの関心を集めるにあたり、「バイヤー」という職業が大きな役割を果たしていた。独自の視点で世界中から最先端のアイテムを集めるビームスの若手バイヤーたちは、若者たちにとって憧れの存在となっており、バイヤーたちがファッション誌で連載を持つことも増えたことで、彼らが提供する独自の〝目利き力〟を頼りに若者たちは効果的なアイテムの組み合わせ方を学び、取り入れるようになっていった。

4．2000年代：セレクトショップブームにおける、差別化としての〝ビームス集団〟のブランド化「モノからコトへ」

2000年代になると、突如としてセレクトショップブームが勃発し、大手アパレルメーカーまでが自社ブランドとインポートブランドを組み合わせて置くショップを展開するようになっていた。もともとセレクトショップとして複数ブランドを編集してきたビームス、シップス、ユナイテッドアローズは「セレクト御三家」と呼ばれ、ファッション市場において大きな影響力を持つようになった。その背景には90年代に見られた〝独自の編集感覚〟を重視する傾向が広く浸透したことに加え、〝感性〟による商品の人気が高まりを見せ始めたことがある。つまり、ショッピングはただ商品を手に入れるための義務的な行為ではなく、新しいものに出会う楽しい〝気分〟も重要な要素として改めて捉え直されていたのである。そのためか、90年代に「衣類は部品」と公言し躍進を続けていたユニクロの勢いに陰りが見え始めたのもこの時期で、ファッション研究所をつくり「旬」の商品を訴求しようとさまざまな対策を講じていたが、回復に至るにはもう少し時間がかかることとなる。

2000年代のセレクトショップブームの影響により、ファッション業界におけるビームスの知名度は加速度的に高まった。当時を振り返り、設楽社長は語る。

90年代までは、『好きなブランド』というアンケート調査があっても、うちは入ってこなかった。店であってブランドではないという僕の思いは消費者と共有されていた。それが、2000年あたりから『好きなブランド』にビームスが登場するようになってきてしまった。

一般的に、知名度の高まりは好業績につながると考えられているが、ビームスの場合は違っていた。ビームス自体がブランド化してしまうということは、ビームス自体にライフサイクルができてしまい、飽きられてしまう危険性をはらんでいたからである。しかし、すでにビームスのメジャーブランド化が避けられないと悟った設楽社長は、セレクトショップブームが去っても失われない価値を持つブランドは何かを真剣に考えるようになっていた。そこで辿りついた答えが〝集団名としてのビームス〟をブランド化するという戦略であった。一人だけが突出してカリスマ性を持つのではなく、商品やチャネルで独自性を出すわけでもない。とにかく多様な面白い人が集まっていて、束ねた時に〝ビームス風〟という空気をまとう。そしてそんな集団がありとあらゆる多面的なカルチャーを生み出していく。それが設楽社長の目指したメジャーブランドとしてのビームスの姿であった。2001年には、設楽社長がこの面白いビームススタッフ集団が楽しんでいるライフスタイル自体を価値化するコンセプトとして、「モノからコトへのセレクトショップ」として提唱した。

2000年代後半、創業30周年を記念して初のビームス発行雑誌『B』を創刊した。設楽社長の情熱により実現されたこのプロジェクトは、『ポパイ』を発行しているマガジンハウス協力のもと制作された。かつて雑誌『ポパイ』を強力なメディアとして成長してきたビームスだったが、自分たちだけの世界を存分に盛り込んだ独自のメディアを持ち、次のライフスタイルやカルチャーを発信できるようになったことは、彼らが30年間でどれほど影響力を高めてきたのかの証しでもあった。

また2003年から新たに始めた取り組みとして「ビームスクラブカード」がある。ポイント還元という機能を持ちながらも、主たる目的はネットやメールによる会員との情報交換だ。特にビームスのビームスクラブカードの立ち上げにあたっては一切宣伝せず、スタッフや上顧客からの口コミだけで広がり、初期1万人のオピニオンリーダーが登録したところでサービスをオープンにした。メインターゲットである「オピニオン」の声をつかむことで、POSデータだけでは知ることのできない市場の動きを読み、次の大きなビジネスチャンスをつかむことが期待された。ビームスクラブカードはこれまでショップ単位でアナログ的に捉えてきた顧客動向を組織としてシステム化しようという試みであると同時に、貴重な「オピニオン」を囲い込むための施策でもあったのである。

5．2010年代：セレクトショップ市場の飽和化の中、〝目利き〟ノウハウの事業化と「コトからヒトへ」のファン育成

2010年代を迎えると、セレクトショップ市場は遂に飽和化する。大手アパレルが次々とセレクトショップ市場に参入したことで業界の垣根が崩れただけでなく、2000年代から急速に進出したファストファッションから最新流行の服を安価に買えるようになり、日本にないブランドもインターネットで入手可能となったことで、セレクトショップが本来持っていた「早さ」や「希少性」といった強みには、以前ほどの価値がなくなってしまった。またインターネットを通じたコミュニケーションが当たり前になったことで、人に会うために外出するという必要性が薄れ、若者のファッション離れにも拍車がかかった。

一方で、モノと情報が溢れる時代になったことにより、本当に欲しいモノだけを厳選して持つという「断捨離」がかっこいい思想として広がり見せ始めた。セレクトショップの強みである「目利き」は、見たことのない新しいものを提案するというよりも、溢れかえるモノや情報の中から本当に価値のあるモノは何なのかを明らかにするという価値を持つようになった。本当に価値のあるモノを選び出すうえで不可欠となるのがオーナーやバイヤーのセンスであり、そのセンスによって仕入れた商品群が生み出す世界観に共感した人だけが店へと足を運ぶ。設楽社長はこの新しい提案の形について次のように語っている。

今は単純に『モノ』を売るだけでは響かない。それよりも『モノ』を使った先の楽しい生活、つまり『コト』のほうが重要だといわれています。それが『モノからコトへ』という思想です。でも、その起点になるのは結局、『ヒト』だと私は思います。

ビームスの次なる姿は、ショップという形態さえも超え、多くの面白いことを考える人々が集まる生態系のようなも

のなのかもしれない。2013年の雑誌インタビューで設楽社長は以下のように語っている。

私たちは2001年に、『モノからコトへ。セレクトショップからカルチャーショップへ』という方向性を定めました。そして昨年、『コトから人へ。カルチャーショップからカルチャーコミュニティへ』という方向性を打ち出しました。ビームスは、会社の名前でも、ブランドの名前でも、店の名前でもなく、この一つのコミュニティの名前にしたい。それが2010年代のビームスのあり方です。（GQ Japan 10th Year 特設サイト SPECIAL INTERVIEW 2013 より）

それこそが、ビームスの目指す新しいショップの形。100人のスタッフがいれば100人のビームスがあり、個々のスタッフが持つ感性に共感してファンが集まる100のコミュニティとしてショップが構築されていく姿を目指す。このショップのありようは、従来のリアル店舗だけでなく、EC事業においても効果を上げている。

実はビームスのEC事業は古く、2005年9月、ゾゾタウンに黎明期から出店を始めていた。ゾゾタウンの成長に合わせビームスのEC事業も成長し、2016年には売上高の15％をEC事業が占めるようになっていた。これはアパレル業界の平均10・9％を大幅に上回っている。この成功の背景にあるのは、ビームスというコミュニティに属する「ヒト」の感性による訴求である。個別ブランドや店舗に関連したニュースや特集のページにおいて、バイヤーやショップスタッフによるコーディネートなどを紹介するというコンテンツによって実際の購入につながるというケースも多く、顧客からの支持も厚い。ビームスの商品を購入する顧客は客単価も高く、ゾゾタウンなど他社モールと比べ平均2倍以上の購入額をたたき出している。

その他のECサイトでも同様に「ヒト」を主軸としたアプローチが採用されている。2013年には楽天市場とビームスとのコラボレーションによるウェブサイト「Rakuten meets BEAMS ハッピー隊」がローンチされた。設楽社長を含む20名の目利きバイヤーからなる「ハッピー隊」が、楽天で販売されている約1億3000万点の商品の中からお気に入りの商品を選択し、販売するという試みである。またスマートフォンアプリ「WeBEAMS」を通じて全国のショップスタッフの着こなしを配信したり、各バイヤーやショップスタッフがブログやSNSを通じて情報発信したりすることで、ビームス集団に所属するそれぞれの「ヒト」に対してファンが集まる仕組みが構築されている。

個性的な集団という価値を持続させるため、設楽社長は敢えてビームスを「副業ありの会社」にしているのだという。基本的には週休2日としながらも、週休3日、4日、5日などの働き方も選択できる。その時間を使って何かモノづくりをしてもいいし、自分で小さな店を経営してもいい。自分の生きたい人生を本気で楽しんだうえで、それでも帰ってくる場所、集う場所がビームスでありたい。そのスタッフのイキイキとした生活が魅力的な個性を育て、その個性に惹かれたファンが集まってくる。

こうした活動の根本にある理念は、ビームスが大切にしている思想「ハッピーライフ・ソリューション・カンパニー」である。ビジネスという営利目的の枠組みを越え、ヒトとコミュニティを大事にし、働く人や関係する人がハッピーになる会社にする、という思想に共感した社員が集まってきている。まずは幸せであることを重視するビームスの思想があることで、社員も顧客もビームスという世界観に共感し、好循環を生む構造が生まれているのである。

Ⅲ.「ビームス」のカルチャー戦略まとめ

1976年に原宿の裏通りで産声を上げた1号店の看板に掲げられた〝AMERICAN LIFE SHOP BEAMS〟の文字。ビームスを通じて若者のライフスタイルを変えたいという当時の想いは40年間経った現在も変わることがない。一方で、ビームスは時代の呼吸に合わせて恐れることなく自身の姿を大きく変化させてきた。アメリカ文化が流れ込んできていた70年代にはUCLAの学生のファッションとライフスタイルを伝える存在として、絢爛豪華なバブルファッションが流行した80年代には敢えてシンプルでベーシックな〝渋カジ〟ファッションをけん引する存在として、〝独自の編集感覚〟が重要視された90年代には衣類を超えてライフスタイル全体を提案する存在として、セレクトショップブームにより知名度が高まりビームス自体がブランド化してしまった2000年代には常に面白いことを見つけ続ける独特な〝ビームスという集団〟として、そしてセレクトショップ市場が飽和化した2010年代には、「ヒト」を主軸としたカルチャーコミュニティへと大胆に舵を切った。守り続けるべき思想と踏襲すべき時代ごとの流行を巧みに組み合わせてきたからこそ、ファッション業界では奇跡ともいわれる40年間の安定成長を実現することができたのではないだろうか。

ビームスのカルチャー戦略のポイントを改めて振り返ると、以下5つの要素にまとめることができる。

1．シンボリックな顧客接点：創立期のカルチャー発信を可能にした雑誌『ポパイ』との編集協力

創業して間もない70年代～80年代、ビームス自身の発信力がまだ十分でなかった頃、顧客とのコミュニケーションを可能にしたものは、間違いなく雑誌『ポパイ』を軸とした巧みなメディア戦略であったといえる。ショップだけではビームスの魅力を多くの若者たちに伝えることが難しいだけでなく、衣類を取り巻くアメリカのライフスタイルを理解してもらうことはできなかっただろう。また当時のファッション中心世代であった「マニュアル世代」にとって情報誌の果たす役割が大きかったことも雑誌『ポパイ』の持つ広告効果を最大化させた。特に創立期において、ブランドが発信したいカルチャーを効果的に届けてくれる顧客接点を確立できるか否かが、その後の成長を占う重要な要素であるといえるだろう。

2．対立する思想／仮想敵、カルチャーサポーター：ファッション高感度層を惹きつけた〝アンチメジャー〟という立ち位置

2000年代のセレクトショップブームからメジャーブランド化するまでの間、ビームスは常に主流の逆を行く〝アンチメジャー〟としての立ち位置を自身のアイデンティティとした。ある時代において流行が生まれると、必ずといっていいほど、その流行に逆らおうとする集団が生まれるものである。特にファッションの世界においては、誰もが同じようなファッションを身に着けているような状況下では、まだ誰も見つけていない次のファッションを探そうとするのは得てして高感度層である。ビームスは、そんなファッション高感度層にとって「私は主流とは違う」を表現するための手段を提供した。主流ファッションではなく、「敢えてビームスを選んでいる」という感覚を持っているファンは定着化しやすく、時代の変化に左右されることなく、ビームスのファンであり続けてくれる可能性も高い。浮き沈みの激しいファッション業界において40年間安定成長を続けている大きな要因の1つは、〝アンチメジャー〟という立ち位置を揺るがすことなく、ファッション高感度層をシンボリックなサポーターとして維持し続けられていることであるといえるだろう。

3．シンボリック・プロダクト：モノ提供から、コト＝ライフスタイル提供への大胆な舵切り

90年代のバブル崩壊後、ユニクロなどのファストファッションを中心にファッションの低価格化・陳腐化が進んだことは、ビームスにとって大きな打撃となった。通常であれば、今後のビジネス成長が見込めるかどうか不透明な状況においては、事業を停滞または縮小させる方向に向かってもおかしくはない。しかしビームスが最も急速にビジネスの幅を拡大させたのがこの時代である。ファッションという枠組みを超え、カフェ・インテリア・アートをも含む店舗を急速に増やしていった背景には、服を部品として捉えようとするユニクロに対抗し、服は単なるモノではなくライフスタイルそのものであることを強調したいという設楽社長の想いがあった。この時期に静観や縮小を選択していれば、ビームスは価格破壊の流れに押しつぶされてしまっていたかもしれない。時に時代の流れよりも自身の思想を信じ、リスクを負う覚悟で大胆に自分たちのカルチャーの在り方を宣言することができなければ、長期にわたって成功し続けることは難しい。

4. シンボリックなインフルエンサー：ヒトを軸にした「コミュニティ」としてのカルチャー形成

2000年代に「好きなブランドはビームス」と答える若者が増え、ビームスが一つのブランドに成りつつあることに設楽社長は危機感を覚えた。ビームスそのものがブランド化してしまえば、いずれは消費され、飽きられてしまうからである。そこで設楽社長は〝集団としてのビームス〟という抽象的な概念をブランド化するという秘策に行きついた。2010年代になるとその戦略はさらに加速し、ビームスに所属する魅力的な個性を中心にファンを集め、100人のスタッフの周りに100のコミュニティを形成するための施策を次々と打ち出した。敢えて「ビームス」という一つの顔を持つのではなく、無数の個性がひしめく集団としてのアイデンティティを保とうとした戦略の背景には、カルチャーとは集団の中で生まれ、共有され、コミュニティを通して発信されてこそ強固になり得るということを感覚的に理解していたことがあるからかもしれない。複雑なコミュニティ形成が容易になったデジタル時代において、無数の個性的なヒトを中心とした「コミュニティ」としてのビームスは、さらなる飛躍を見せていくことになるだろう。

5. 営利以外の思想：複雑化するビームスを一つに束ね続けた価値観

金銭的な利益を得ることを主軸に考えると、短期的な売上向上が得られる戦略を選択しやすくなる。今月の売上目標、今年の売上目標、3年以内の売上目標のみを追いかけながらビジネスを展開しようすると、設楽社長が打ち出してきたような一見無謀とも思える戦略を実行に移すことは難しくなる。ゴーイングコンサーンという視点から考えると、売上や利益はもちろん重要である。しかしそれは企業が存在する理由そのものではないはずだ。ビームスは、新しいものを見つけ、面白いことを発想し、それを世の中に提案することで沢山の人の人生にハッピーをもたらすために存在している。それはビームスという名のもとに集まった多くの個性的なスタッフ、そのスタッフを中心に集まった高感度なファンたちの間で共有化されている思想であり、複雑化し続ける組織を束ねている価値観である。だからこそ訪ねるショップ毎の雰囲気がそれぞれ違っても、ファッションという領域を超えてカフェやインテリアに手を伸ばしても、100人のスタッフの周りに互いに異なる100のコミュニティが形成されても、「ビームスらしさ」を失うことはないのである。カルチャーを短命の流行にしないためには、時代に合わせて変化を続けなければならない。だからこそ、変化を経ても変わらないアイデンティティとしての思想が不可欠だ。営利は重要だが、営利だけでは人は集まらない。ビームスの事例は、時には営利を超えて信じぬくことができる価値観を持つことの重要性を私たちに伝えているのかもしれない。

【参考文献】

川島蓉子（2008）『ビームス戦略』日経ビジネス人文庫

マガジンハウス（2016）『WHAT'S NEXT? TOKYO CULTURE STORY』マガジンハウスムック

日経流通新聞「起業人大いに語る：〝種〟まき固定客作り、流行直前の商品に絞る」1995年1月14日

山口 淳（2006）『ビームスの奇跡』世界文化社

株式会社ビームスホールディングスウェブサイト、http://www.beams.co.jp/company/about/（アクセス：2017年6月2日）

the fashon post『楽天×BEAMS（ビームス）が初コラボ！「Rakuten meets BEAMS ハッピー隊」開設へ』、https://fashionpost.jp/news/16851（アクセス：2019年7月26日）

GQ JAPAN 10TH YEAR 10周年記念サイト、https://gqjapan.jp/10th-anniversary/（アクセス：2017年6月2日）

日経ビジネス『「かっこいい」を作るビームスの新しい働き方』、https://business.nikkei.com/atcl/report/15/252773/08030027/（アクセス：2019年7月26日）

吉田寿美

第8章

まとめ：カルチャーの活用方法とそのメリット

本書では第3章から第7章まで5つの企業事例を通じて、企業におけるカルチャーの活用方法とその意義を分析してきた。ロクシタン、ハーレーダビッドソン、無印良品、らでぃっしゅぼーや、ビームス、いずれにも共通しているのは、戦後の時代に通底して社会を包括する大きな価値観潮流としての「カルチャー」に即して企業の思想が構想され、事業展開がなされていたことが挙げられる。これらの企業はまさに「カルチャー」を活用し、事業を成功させた「カルチュラル・カンパニー」といえるだろう。留意すべき点としては、本書でのカルチャーは日常で使われるようなトレンドやヒット、クリエイティブな商品やサービスを指すものではないが、一方で文化人類学など学術分野におけるカルチャーでもない。

ここでの「カルチャー」は、国を超えて戦後の生活者の意識・行動様式に共通する2つの大きな価値観潮流「物質主義から脱物質主義へ」「権威主義から自由主義へ」として定義している。これらの価値観潮流に基づいて生み出されたオーガニック、ロハス等の世の中でいわゆるカルチャーと呼ばれる特定の行動様式・トレンドは、本書でのカルチャーに包摂されるという広義でのカルチャーの定義を採用した。時代と世代を超えて長期にわたって拡大・浸透している底流に流れる価値観潮流としての生活者の「カルチャー」を捉えることで、自社の思想と事業に対して生活者から共感してもらいやすくなる。結果として企業・事業を安定的に支持してくれる「サポーター」ともいえる顧客基盤を構築でき、持続的な事業成長につながっていくという構造が企業にとってのカルチャー活用のメリットであるという点が、本書の分析フレームワーク「カルチュラル・スケッチ」の背景にある考えである。

もちろん、今回事例で取り上げた5社が創業当初から「カルチャー」を活用することで、持続的な事業成長を遂げたということではないだろう。各社それぞれの思想と相反する事業を展開する企業や商品・サービスに対抗して自社事業、商品・サービスを展開していく過程で、より「カルチャー」としての特色が鮮明になり、結果として2つの大きな価値観潮流と文脈が合い、生活者の共感を得られたという可能性のほうが高いのではなかろうか。

今回取り上げた事例企業はいずれも長期にわたって成長していることもあり、図らずもカルチャーを活用することができたという背景があるにせよ、その特徴を読み解いて他企業でも活用可能であるように再現性を模索することには意味があるだろう。最終章では、本書のまとめとして「カルチャーを活用する方法」と「カルチャー活用のメリット」について解説したい。

Ⅰ．経営においてカルチャーを活用するとは、どういうことか？

まずは「カルチャーの活用方法」について振り返っていきたい。本書では「カルチュラル・スケッチ」のフレームワークに沿って事例を分析してきたが、単にカルチュラル・スケッチに内容を記入すればカルチュラル・カンパニーになれるわけではない。カルチュラル・カンパニーになるためには、カルチュラル・スケッチの要となる4つのポイントを意識する必要がある。4つのポイントについて、1つずつ読み解いていこう。

まず1つ目のポイントは、企業の思想と「カルチャー」との親和性が挙げられる。

1．「企業の思想」として、「物質主義から脱物質主義へ」「権威主義から自由主義へ」という2つの意識潮流のいずれかに平仄を合わせること

本書での特徴の1つとして広義のカルチャーの定義がある。トレンドの底流として、長期かつ広範な国を横断して生活者の意識・行動様式に影響を及ぼしている2つの価値観潮流を「カルチャー」として捉えている点が1つ目のポイントに関係している。カルチュラル・カンパニーは、いずれも自社として望ましいと考えるこれからの社会・暮らしのありようを各事業領域において深く考察し、自らの企業の思想として構想している。こうした各社の経営をカルチャーの観点で俯瞰することで、それらの各企業の思想が「脱物質主義」または「自由主義」のカルチャーに即していたといえ

るのではないだろうか。

企業事例を振り返れば、ロクシタンであれば「Art de Vivre（自然と調和したプロヴァンスならではの芸術的暮らしのありよう）」という思想はまさに化学物質偏重であった創業当時の化粧品業界において、自然由来成分へのこだわりが表現されている。自然由来の素材を暮らしに取り入れた〝オーガニック〟という概念は、単なるトレンドではなく、ロクシタンにとっては効果や効率性を重視してしまう生活のありようの見直しという点で「脱物質主義」といえる。無印良品の「消費社会へのアンチテーゼ」「これでいい」、らでぃっしゅぼーやの「食と暮らしを通じた持続可能な社会の実現」など各社が展開している事業領域に合わせて表現は異なっているものの、その思想は同じく「物質主義」（＝物が多ければ多いほど豊かであるという思想）とは真逆の、暮らしの質・価値を問い直す＝「脱物質主義」に親和性があるといえる。

また、ハーレーダビッドソン、ビームスの事例では、すでに世の中で確立された考え方・制度などを受け入れ、何事にも画一的に適用しようとする意識＝「権威主義」から脱し、既存の考え方・制度に敢えてはまらずに、自身が掲げる新たな考え・価値を世の中に問うことを重視する意識＝「自由主義」を志向する生活者の共感を得てきたといえるだろう。ハーレーダビッドソンは、創業当初は軍用バイクとして採用されていた経緯もあるが、第2次世界大戦後には単なる効率重視の乗り物ではなく、自分らしい生き方を象徴する「趣味」としてのバイクの位置付けを確立した企業といえる。自由な生き方・自分のありようの象徴としてのハーレーダビッドソンは、オーナーの生き方にも影響を与える企業となった。バイクは「移動手段としての乗り物」であり、効率的であることが重要であるという画一的なものの見方（＝権威主義）に対して「趣味のバイクとして走る楽しみの追求」という思想が戦後の自由を求める生活者の価値観潮流にはまったともいえるだろう。ビームスの「Happy Life Solution Company（利益至上主義ではなく、新しいこと・面白いことをセレクトショップを通じて仕掛け、世の中を豊かにする）」も同様だ。同じ店舗フォーマットを展開するファストファッション型アパレル企業ではなく、常に新しいもの、楽しいものを提供したい、という企業姿勢は業界における効率性重視の企業経営とは一線を画している。

新たに企業、事業は、ゼロから立ち上げることになるのが一般的である。しかし、カルチュラル・カンパニーは、時代・社会の価値観潮流に即した思想を掲げ、事業を展開することでその流れを味方につけてスタートすることができる。このカルチャーと自社の親和性が企業の根幹に位置付けられていなくては、カルチュラル・カンパニーとはいえないであろう。

2つ目のポイントは、「仮想敵」の明確化である。

2. 自社の思想とは相容れない消費行動や習慣、またその象徴としての具体的な商品・サービスを「仮想敵」として明確にすること

戦後の大きな価値観潮流は「物質主義⇕脱物質主義」「権威主義⇕自由主義」という2項対立の中で生まれている。その背景もあり、自社の思想と事業のありようを明確化するのであれば、自社が目指していく社会・暮らしと相容れない既存の消費行動・習慣や企業との対立を先鋭化することで、却って自社の思想と共鳴する生活者を見いだしやすくなる。自社の思想、商品・サービスを選択肢として生活者に提示することで、生活者もそれまでの消費行動とは違う選択肢として意識しやすくなるのだ。

無印良品は、消費社会へのアンチテーゼとして生まれた。1980年代、日本はバブル経済のさなかで海外からのインポートブランドやDCブランドがもてはやされ、そのブランドのロゴが付いていればどのような服でも価格が高騰することを受け入れる生活者の意識に対して問題認識を持ち「消費者の自立」を促すべくブランドを冠さず商品そのものの価値を訴求する無印良品を立ち上げた。

ロクシタンも同様に、仮想敵が明確だ。1980年代に広く普及していた化学成分を配合した化粧品、およびその背

景にある機能性のみを追求した人工的な商品を良いと評価する消費行動に対して敢然と対立し、南仏プロヴァンスの伝統的なライフスタイルを背景とした自然派化粧品を提供することが創業のキッカケだ。化学物質で肌が荒れてしまう女性が多かった時代において、肌に優しく、そのプロヴァンスの世界観が癒しを与えるという明確な立ち位置があったからこそ、市場に浸透したのではないだろうか。

ハーレーダビッドソンの場合は、日本のバイクメーカーが仮想敵だった。自由な生き方の象徴として走る喜びを提供するハーレーダビッドソンにとって、カワサキ、ホンダといった日本のバイクメーカーは燃費効率や走行性能、それに低価格といった移動手段としての効率性のみを追求しており、対立するカルチャーの象徴でもあったのだ。移動手段としてのバイクの対抗馬として、自分らしい生き方の象徴であり趣味としてのバイクという位置付けに特化することで、200万円代という高額な価格を受容する熱烈なサポーターを獲得できたのだ。

自社が掲げる思想がカルチャーに即しているだけでなく、その価値観潮流に対抗する仮想敵を自業界において明確化することが、結果として自社のポジショニングを際立たせ生活者にとって新たな選択肢として認識されやすくなる。また、仮想敵に対するアンチテーゼとして商品・サービスを開発していくことで提供価値が明確になりやすいという効果もあるだろう。

3つ目のポイントは、当該企業のカルチャーのありようを体現したシンボリックな商品・サービスの開発である。

3．自社の思想を体現し、カルチャーとしての新たな消費行動・習慣につながる「シンボリックな商品・サービス」を生み出すこと

生活者からの共感・支持を得られるためには、当然ながら具体的な商品・サービスが魅力的であることが必要だ。ただし、カルチュラル・カンパニーとして意識すべき商品・サービス開発の要点は、機能やスペック面での改善・強化で

はない。思想を体現しており、かつ新しい消費行動・習慣を生み出していることの重要性が事例を通じてうかがえる。らでぃっしゅぼーやは、安心・安全な食を求める生活者に対して全く新しいサービスを開発した。定期宅配で「土つき有機野菜」を提供するというサービスだ。それまでは有機野菜の販売ルートが確立されておらず、その高価格ゆえに一定数の購入希望者が集まってから購入するというある種ハードルが高い共同購入が一般的だった。そこに安心・安全な食を求める生活者を会員として囲い込み、気軽に購入できる定期宅配という仕組みを導入した。月々の旬の土つきの有機野菜を「ぱれっと」という詰め合わせで提供する点も新しい。こうした仕組みは有機野菜の生産農家にとって年間での安定的な生産量の確保につながり、農家、小売、生活者そして自然も含めて持続可能な食エコシステムの構築につながっている。まさにカルチャーを体現したサービスといえよう。

ビームスは時代時代に応じて「モノを通して文化をつくる〝カルチャーショップ〟」の名に恥じないシンボリックな商品を生み出してきた。効率性重視のファストファッションに対抗し、常に半歩先の面白いコト、ライフスタイルを提案していくカルチャーを体現し、「渋カジ」などの新しいファッションスタイル、仕入れを中心としたセレクトショップの枠を超えた10万円以下の高品質なオリジナルスーツなど常に新しいライフスタイルを、モノを通じて提案してきた。ビームスの客であること自体が一種のステータスであり、人とは違った選択をしている証としてオレンジ色のショッピングバッグを持つことが憧れといった現象まで現れていた。

ビームスに顕著なように、シンボリックな商品・サービスが上市された当時のままでは競争優位性を維持することはできない。時代の変化に応じて、仮想敵も変遷し、対立するカルチャーの商品・サービスもより魅力的に移り変わっていくからだ。事例分析では10年単位で各企業の事業活動の変遷を追っており、その時代・競合の移り変わりに応じて商品・サービスだけでなく、コミュニケーション活動、サポーター育成など事業活動全般が変革している。こうした変革の際に自社の思想をブレさせないことで、常にサポーターの期待に適う商品・サービス、コミュニケーションなどの事業活動を展開でき、顧客基盤を維持・拡大している点は各事例に共通して見られる特徴であろう。近視眼的な競争戦略・

マーケットシェアの拡大を狙うのではなく、常にその時代・社会において「カルチャー＝思想」をどのように具現化すべきかを問い続けることが、結果として持続性のある事業成長につながっている。

4つ目のポイントは、消費者以上の顧客「サポーター」の獲得だ。

4．単なる商品・サービスの消費者ではなく、自社の思想＝カルチャーに共感し、購買だけでなく自社の魅力を周囲に広めてくれる「サポーター」を見いだし、育成すること

本書でのカルチャー活用のポイントは、世の中に大きな2つの価値観潮流に共感する層が存在しており、その生活者群を自社の事業領域において掘り起こしていく点にある。自社の思想および商品・サービスがカルチャーの文脈に即していれば、支持してくれる顧客群が期待できるのだ。同じカルチャーに共感するからこそ、継続的・安定的に自社商品・サービスを購入してくれ、かつ新たな顧客、サポーターを増やすための情報を拡散してもらえる。これらのサポーターは、商品・サービスの開発・販売以外にも、企業がコミュニティの場を提供し育成していくことで、サポーター間での情報交換が進み、より強固なつながりを生むことになる。

企業とサポーターが自然な形で発展している例としてはハーレー・オーナーズグループ（通称 H.O.G.）がその代表といえるだろう。その歴史は古く1983年に設立され、日本でも現在3万5千人以上のハーレーダビッドソンのオーナーが登録している。趣味として走ることの喜びを追求するハーレーダビッドソンのオーナーにとって、仲間同士でハーレーを乗りこなし、ハーレーライフをより豊かにすることがH.O.G. の目的といえる。特に特徴的な点は、チャプターといわれる各地のディーラーが運営する地域別組織でのレッスンではないだろうか。チャプター（支部）でハーレー仲間と出会い、ハーレーを楽しむための知識とスキルを学び、一緒にツーリングを企画し、参加していくことで愉しみがさらに増し、その魅力がハーレーダビッドソンに興味を持ち始めた新たな顧客にも伝播していくのだ。

無印良品もサポーターのコミュニティ化に注力している。創業当初から「ムジラー」といわれるようなライフスタイル全般に無印良品の商品を取り入れる熱心なサポーターもいるが、２０００年代からはインターネットを活用してコミュニティを活性化している。特に、モノづくりコミュニティーでの「体にフィットするソファ」などのヒット商品につながった商品開発や、今も続く「IDEA PARK」での顧客からのリクエストの収集・商品開発など、無印良品を愛するサポーターがもっと良い商品を生み出すべく自らも参加し、その声が商品という目に見える形で実現するという良い循環が生まれている。

良いコミュニティの形成は簡単ではない。企業がコミュニティの場を意図して設計することもあれば、意図せず自然発生的に生まれることもある。いずれにせよ重要なのは、同じカルチャーに共感しているサポーターが集まって一つのコミュニティとして世の中に映ることで、より一層サポーターが意識的に自分たちのカルチャーへの共感を意識でき、コミュニティとしての情報発信や活動が活発化するという効果が見込める点であろう。

一つの集団として世の中に認知されることで、各サポーターが友人・知人にその企業の良さ、商品・サービスをおススメする際にも情報発信も伝わりやすくなる。また、集団として自覚的になることで、サポーター間での情報交換や企業の商品開発等への主体的な関わりが濃密になり、よりコミュニティの存在が自己強化されていく。

こうしたサポーター／コミュニティの情報波及効果によって、自社およびその商品・サービスが世に広まっていく素地ができるのである。

ここまで、カルチュラル・カンパニーに共通して見られるカルチャー活用のポイントを振り返ってきた。各事例ともに異なる事業領域に展開し、出自の国も異なるもののカルチャー活用という点においては、いずれも共通した特徴があることが見て取れた。結果として、各社ともに長期にわたる持続的な事業成長を遂げていることは事例分析で見てきたとおりだ。

その事業成長がどのような具体的なカルチャー活用のメリットによって支えられているのかについても共通するポイントがある。次節で解説していきたい。

Ⅱ．経営においてカルチャーを活用することで、どのようなメリットがあるのか？

企業におけるカルチャー活用の最大のメリットは「強固な顧客基盤が生まれ、持続的な事業成長が見込める」点にある。

1．安定した顧客基盤を作ることができ、適正な事業規模で持続的に成長できる

サポーターとなる顧客基盤を確立することで、サポーターが継続的に商品・サービスを購入し、かつ新たなる顧客を呼び込んでくれるため、小さくともゆっくりと事業が成長できる。

1980年に誕生したPB「無印良品」は40年近い事業展開の過程で多少の躓きはあったものの、安定的に事業が成長している。ロクシタンも、ビームスもらでぃっしゅぼーやも約40年ほど安定的に成長している。ハーレーダビッドソンも1980年代前半の経営体制刷新以降は安定的に事業を成長させている。

カルチュラル・カンパニーの事業立ち上げにおける特徴の1つとして、初めから一定数の自社顧客基盤が見込めることが挙げられる。新たにスタートする企業であれば通常は顧客をゼロから集めるため、事業立ち上げのハードルが高い。一方、カルチュラル・カンパニーは、その定義として「カルチャー＝戦後の2大価値観潮流」と自社の思想が即していることが前提となっているため、世の中に存在している2大価値観潮流に共感している生活者を自社の顧客基盤として見込むことができる。もちろん、いずれの企業であってもカルチャーを自社の思想として掲げるだけで顧客基盤を築くことができるわけではないが、一方で全く顧客の当てがない状態からのスタートにはならない点は大きなメリットとい

える。

立ち上げがうまくいったとしても、カルチュラル・カンパニーは企業規模が急拡大することはない。なぜなら、カルチャーに共感してくれているサポーターの自然なボリューム増加に伴って事業が成長していくからだ。事業がサポーターと一緒に育ち、時代と社会に合わせて進化していくからこそ、着実で持続可能な事業成長が特徴となる。そして、サポーターは企業や商品・サービスのトレンドによらず、その企業が掲げるカルチャー＝思想に共感してそれぞれの暮らしに商品・サービスを取り入れているので、トレンドが終わって急に売上が減少するといった状況になりづらい。サポーターの数が積み上がっていくことで、売上も積み上がっていく。こうした構造的な特徴があるからこそ、事例として取り上げているカルチュラル・カンパニーのいずれもが長期間にわたっての持続的な売上成長を実現しているといえるだろう。

1つ目のメリットに深く関係するが、無理な低価格訴求でシェア争いをする必要がない点が2つ目のメリットとして挙げられる。

2．価格競争から脱することができる

サポーターは企業に対して共感するのではなく、その企業の背後にある自分と共有できている思想・カルチャーに対して共感しているため、商品・サービスを企業に買わされているという印象が弱い。企業からのマーケティングの結果として商品・サービスを選んでいるのではなく、自分自身が好きだから選んでいるため、価格の高低に対する重要度が低くなる。

本書で紹介した事例企業は、それぞれが同じ業界の中では低価格訴求でシェアを伸ばしている企業としのぎを削る競争環境においても、必ずしも競合に価格を合わせて安い商品を売ることでシェア争いをしているわけではない。ハー

レーダビッドソンは200万円以上のバイクであり、自動車よりも高いといわれるが固定客がいるからこそ、その価格が受容されている。らでぃっしゅぼーやもスーパーの通常の野菜よりも価格が高い土つき有機野菜が受け入れられている。本書で取り上げた企業であからさまな安売りキャンペーンやセールが行われている印象も薄いだろう。しかし、実際に長期間にわたって売上成長を実現しており、低価格でシェアを争う企業に決して負けているわけではない。むしろ、売上高が着実に成長しているのであれば価格が高い分、利益を伸ばしやすい事業構造にあるといえる。

前述の1点目のメリットでもいえることであるが、サポーターは企業や商品・サービスのトレンドに魅力を感じて購買を決定しているわけではなく、その企業のカルチャー＝思想に共感することで企業に対して支持・共感し、商品・サービスの購買を決定している。それゆえに、企業が無理に価格競争に乗り込んで安売りをしなくとも、競合の商品・サービスに顧客が乗り換える懸念が薄く、着実な利益を得ながらも商品・サービスの購買が見込めるのだ。トレンドに左右されずに売上高の基盤となるサポーター数が伸びていることから、必ずしも低価格で商品・サービスを提供しなくてもサポーターに受け入れられることが分かる。また、カルチュラル・カンパニー側も価格を下げてまでシェアを拡大しようとしないというスタンスは、事業成長のスピードにも影響している。緩やかなサポーター数の増加と同じペースで事業成長が進んでいくため、緩やかながらも利益を伴った持続的な売上成長につながっていくといえる。

カルチャー＝2大価値観潮流であることから、カルチャーに共感する生活者が国を越えて存在するため、グローバル展開した際に違う国でもサポーターを得やすい点が3つ目のメリットとして挙げられる。

3. グローバルにも事業展開しやすい

国民性が違う日本でアメリカのハーレーダビッドソンが売れ、日本の無印良品が諸外国で売れるように、「脱物質主義」や「自由主義」というカルチャーの基盤となる価値観潮流に即すことで、共感を得られる生活者グループがグローバルに存在し、各国で国民性を超えてサポーターを開拓していきやすいといえる。

ロクシタン、ハーレーダビッドソンなど外資系企業でも国を越えて日本で事業を浸透させられた背景には、やはりカルチャーの影響があるのではないか。両社ともに明確な企業思想を掲げ、脱物質主義・自由主義と平仄が合っている。戦後、世界で広まっている価値観潮流が日本でも世代交代とともに浸透したことで、日本人の中でも両社が掲げる思想に共感しうる生活者が存在していたのだろう。思想に共感する生活者が一定層としていたからこそ、日本市場で展開する際のサポーターとなりうる顧客基盤が見込めたのではないだろうか。欧米企業がアジアという全く異なる文化圏で展開する場合でも、こうした価値観潮流に根ざした思想のもと事業展開を行うことで、国を越えた浸透の足掛かりを築くことができるといえる。

一方、海外から日本に参入するだけでなく、日本から海外に展開する際にも同じことがいえる。無印良品は脱物質主義の価値観潮流に即した思想・事業を展開しているが、世界各国に展開するにあたって、各国の中で無印良品の思想に共感する生活者がいたことがその支えになっている。アジアが出自の国だからということでアジア・アセアン圏での評価だけが高いということもなく、欧米でも無印良品の思想とその商品群は高く評価され、評判だけでなく事業成長という形で結果を出している。直近では、海外事業の営業収益が1，200億円を超え、良品計画全体の営業利益の4割を稼ぎ出すほどに成長している。日本企業がグローバル展開する際には、文化的・地理的な近さからアジア圏での進出が取りざたされやすく、欧米への事業進出は困難だという向きが多いが、カルチャーを経営において活用することで日本企業の海外展開の促進材料になるといえるのではないだろうか。

企業経営において、従業員の確保は重要なテーマである。特に日本企業は事業をグローバル展開する際、終身雇用という企業文化が無い現地拠点での人材採用は苦労するケースが多い。この人材確保という面において、カルチャーに共感したサポーターが顧客としてだけでなく、従業員として関わってくれるという点は大きなメリットといえるだろう。

4．サポーターが熱意のある従業員に変わり、グローバルでも雇用を確保することができる

サポーターといえる顧客基盤が確立されることで、サポーターの中から従業員としてより積極的にその企業の良さを広めていきたい、という意欲がある生活者が生まれる。働き方・仕事の意義の重要性が叫ばれる昨今において、従業員の確保・動機づけの観点から競争優位性の源泉としてカルチャーの意義が改めて浮き彫りになる。また、日系企業はグローバルでは欧米企業に比べ相対的に低いといわれる給与水準や昇進スピードの遅さから採用活動が難航するが、グローバルにおいてもサポーターとなる顧客基盤を確立することが、従業員確保の下支えとして機能する。

ビームスは、熱烈なビームスファンが足しげくビームスに通い、そのショップスタッフのコーディネートを参考にし、セレクトショップの仕事、バイヤーの仕事に憧れ、ファッションの知識を増やしていった結果、ビームスに就職するケースが多い。現在、ビームスでクリエイティブディレクターとして活躍する中村達也氏も同じだ。大学4年生の秋からビームスでアルバイトを始め、卒業と同時に入社。各店舗での店長やバイヤーを歴任したのちに、クリエイティブディレクターとしてさまざまなブランドを統括している。

無印良品の場合も、国内での成長期には無印良品でライフスタイルを揃えるムジラーがそのまま無印良品で働き、若くして店長を任されて発奮しながら店を成長させるという構造が事業成長のドライバーになっていた。直近の2010年代は特に海外事業の成長が目覚ましく、海外事業でも同じ構造が効果を発揮していた。人種・文化が異なる各国現地においても無印良品の思想に共感する生活者は多く、店舗に通っていた顧客が多いことが採用における企業認知を高め就職意欲の向上に寄与し、結果として海外での店舗展開を支える従業員の確保につながるのだ。

事例企業のいずれもが、サポーターの購買、情報発信によって事業を支えられている。その強固なサポーターとの絆は顧客としての側面だけでなく、自分が働くことでその企業を支えたい、もっと良くしたいという深い関わり方へと昇華することがある。こうしたケースで雇用された従業員は一般の従業員よりも、より能動的に、主体的に活動することができる。自らが本当に好きであった企業で働ける喜びがあり、もっとその企業を、商品・サービスを多くの人に楽し

んでもらいたい、知ってもらいたい、という気持ちが原動力となって、前向きに働けるのだ。こうした企業にとって望ましい働き手を見いだすには、通常であれば多くの人材募集の広告を展開し、採用面接を経ることが必要になってくる。一方で、サポーターに強固に支持されるカルチュラル・カンパニーでは、お店に通ってくれていたお客様が、その企業を好きという気持ちが高じて働くことが多いことから、お店や事業展開自体が人材募集を行っているという側面がある。自社の思想を体現した象徴的な商品・サービスを展開し、お店で販売していくことにより、主体的な働き手を確保することができ、さらなる店舗展開・事業展開が可能となり、各地での店舗展開がさらに働き手の確保につながる、という好循環を生んでいる。

こうした好循環の効果は、日系企業のグローバル展開において特に重要となる。グローバルにおける就職先として日系企業は人気が無いといわれる。終身雇用を前提とした給与体系の名残からあまり給与水準が高くなく、長く働いても らえた従業員により報いる制度設計になっているからだ。海外では日本よりも人材の流動性が高く、転職を繰り返すことが一般的である。キャリアのステップアップを意識して少しずつ高い給与水準の企業を目指していくことが当たり前の海外人材市場においては、日系企業の人事制度は魅力的に映らないのであろう。そうした人材市場において日系企業に勤めたいという動機を喚起するためには、ほかに替え難い企業であり、自分が好き・共感しているから働きたいという気持ちが重要になる。このカルチャーへの共感があるからこそ、グローバルにおいても日系企業で働き手を確保できるのである。日系企業のグローバル展開において、カルチュラル・カンパニーだからこそ得られるこのメリットがあることは、各国ローカル市場に浸透していくうえで重要性が高いといえるだろう。

Ⅲ. むすび

ここまで企業経営におけるカルチャーの活用の仕方とそのメリットについて振り返ってきた。今の日本経済、日本企業にとって、このカルチュラル・カンパニーのありようは、必要な考えなのではないかと改めて感じている。

日本経済、日本企業を俯瞰してみると、年を追うごとに市場競争が激化し、商品・サービスの単価も下がり、低価格キャンペーンやクーポンなどの価格施策に頼ることが多くなってはいないだろうか。目標となる成長を実現するために販促施策等で実質価格を下げることで売上高を増やしつつ、費用を削減することで利益をねん出する、という企業の声をよく聞く。こうした過当競争の行きつく先は、外部取引先へのコスト削減要請や自社従業員の報酬の削減だろう。こうしたネガティブ・スパイラルが加速することで社会全体としてより倹約ムードが高まり、結果としてまた企業の売上高の伸びを抑制していき、一層のコスト削減による利益ねん出が求められるようになってしまう。

この状況を打破するために必要なことは、顧客ニーズにおもねることでもなく、低価格キャンペーンやクーポン施策でむやみに市場シェアを追うことでもないのではないか。にもかかわらず、こうした生活者ニーズや競合との競争にさらされていると「目の前の空気を読む」ことが常態化し、ついつい安易な販促に頼り、勝者なき過当競争へと陥ってしまう。このネガティブ・スパイラルの中での空気はまるで澱んでいるようだ。

もう少し、視座を引いて社会を、市場を俯瞰して見ることで、読むべき「空気の違い」に気付けるのではないか。そこには、企業間の競争とは別に一生活者として大事にしている考え、価値観がある。1990年代前半のバブル崩壊の頃までは、物質的に豊かになることが重要だったが、今では「モノからコトへ」といわれるように所有に対する執着は薄れてきていないだろうか。行政や大企業といった「権威」が発信することに対する信頼性も薄れてきてはいないだろうか。いずれも一過性のニュースではなく、世の中の「空気」が変わってきている表れではないだろうか。競合や市場ではなく、生活者が底流として大事にしている考え・価値観を本当に読むべき「空気」として捉え、企業がそれを大事な思想として掲げ、商品・サービスにも反映していくことで、生活者に本当に必要とされる企業になりうる。むやみに価格を下げ、競争に自ら飛び込んで行かなくとも、着実に、無理なくサポーターと共に成長していくことができるのではないか。この視座の転換＝「読むべき空気を変えること」が本書で伝えたかったことである。

「空気を読む」という高度な文脈調整が文化として根付いている日本だからこそ、新しい空気の読み方を身につけることを目指してほしい。業界他社が短期的な視点で競争をしている中、異なる戦い方を目指すことになるのは、もちろん勇気が要る判断だと思う。それでも、本書で示したカルチュラル・カンパニーの事例のように、持続的な事業成長を実現しているケースもある。日本企業が今までとは違った空気の読み方を身につけるための手引きとして本書が役に立てば望外の喜びである。

西村啓太

おわりに

本書を執筆したキッカケは、2014年に遡ります。当初は、本書を執筆しているメンバーで、企業と文化の関係について、その重要性を改めて提起していた『Chief Culture Officer』（McCracken, 2009）を翻訳するべく研究会を立ち上げました。しかし、当初想定していたよりも、取り上げられている企業事例が日本人に馴染みが薄いものが多かったことから、日本の読者の方々にも分かりやすく文化の重要性を伝えるべく、改めて日本人が理解しやすい企業事例の研究から、企業と文化の関係を再検討することにしました。

研究会での探究は、思ったよりも難航しました。「文化」という概念が曖昧なため、文化人類学など関連する各分野の先行研究を参考に、その定義を企業との関わりにおいて検討してきました。その過程で、「文化」というものが生活者の価値観・行動様式に根差したものであり、文化によってセグメンテーションできる顧客群が存在すること、それらの顧客群の捉え方が時代とともにどんどんと変化していくこと、しかしその変化は表層的な「トレンド」としての変化であり、一方で底流にはもっと大きな価値観変化の潮流があること、が見えてきました。

そして、そうした生活者側から見た「文化＝価値観・行動様式」の変化をうまく捉えて、生活者の文化に根差すことで持続的に成長している企業の存在も見えてきました。企業が一方的に文化を活用していくのではなく、生活者側に元々存在している文化に対して、同じ価値観を共有して事業を展開し、ともに文化を育んでいくことで、新たな市場・新たな事業が成長していくという相互の関係が浮かび上がってきたのです。

文化という観点で企業活動を分析することで、上述のように文化をうまく捉えている〝カルチュラル・カンパニー〟

の活動に一定の特徴があることが見えてきました。共通する特徴があるなら、それを一様のフレームに収めることができないか、そこで出てきたのが、本書で提起した「カルチュラル・スケッチ」です。

ただ、我々としては、文化を捉える活動の類型化も興味深かったのですが、それ以上にその活動がもたらす事業成果の特徴に惹かれました。事例で取り上げたいずれの企業も、事業の急拡大や利益の乱高下がなく、地道な、しかし着実な右肩上がりの成長を遂げていたのです。

かなりな長期間にわたり創業から現在まで、時代の変化、社会の変容を超えて持続し成長していくことができる企業の在り方は、改めて価値があると感じました。

こうした文化を活用する企業が持つ特徴は、生活者と企業、また生活者同士の間で価値観・行動様式を共有していることで生まれる、ある種の絆を拠り所としていると考えています。この生活者同士、生活者と企業との間の絆が持続的に成長・変化していくことが、企業ひいては社会の持続性にもつながっていくのではないでしょうか。

時代の荒波を超えて存続してきた100年超企業は「老舗」といわれますが、その呼称には、単なる経済ユニットを超えた文化的・歴史的存在として、敬意と期待が籠められているように思います。本書の事例企業は、社歴的にはそこまで永くはありませんが、文化を捉え、醸成し、顧客価値に落とし込んでいる点で、老舗と同質の強みがあるのかもしれません。

本書の着想を得た2014年はリーマンショック、東日本大震災といった未曾有の国難を乗り越え、経済も再成長に差し掛かった時代でした。危機を乗り越える中でマーケティングの在り方も大きく変わり、マスマーケティングから効率性を重視したデジタルマーケティングへと主流が移り変わっていきました。こうした時代の変化があった中で研究を続けましたが、企業における文化の重要性は、その持続的成長の基盤となりうる、という点でより高まったと感じています。

着想から6年の月日を経て本書が上梓される2020年は、新型コロナウィルスにより世界中に大きな危機がもたらされています。外出自粛が続くことで、人々の生活・行動様式も一変し、経済活動も停滞しています。

新しい生活様式「ニューノーマル」が求められる中、生活者は改めて自分が本当に必要としているもの、必要としていないものを峻別し始めているのではないでしょうか。本当に必要なものは、利便性、効率性、価格で決まるものではないと思います。将来が見通せず、人々の心の中に不安が増す中で、本当に求められるものは心の拠り所となるものだと考えられます。

より一人一人の生き方・価値観の重要性が増していくとき、その求めている生き方・価値観に共鳴するものを提供すること、すなわち文化を提供し、生活者とともに文化を育もうとする姿勢が企業に求められていると感じています。このコロナ危機を乗り越えた後の時代で、人々の心の拠り所となる在り方を模索する企業が増え、結果として企業も社会も適切な規模かつ緩やかながら持続的に成長していくことを祈っています。

末筆ですが、6年間もの長きに渡り、根気強くお付き合いくださった、株式会社同友館・編集者 佐藤文彦氏なしには本書は刊行できませんでした。佐藤氏の的確なご助言があったればこそ、今日を迎えることができたといっても過言ではありません。編著者一同、心より感謝申し上げます。

2020年5月　オンライン編集会議を終えて　編者

【編著者略歴】 *は編者

川又《かわまた》　啓子《けいこ》* ―――― 第1章執筆

青山学院大学総合文化政策学部教授。慶應義塾大学大学院経営管理研究科後期博士課程単位取得退学。

研究テーマは文化とマーケティングで、海外市場におけるジャパニーズ・ポップカルチャー・イベントの形成発展のメカニズムに関する研究に従事。著書に『e スポーツ産業論』（同友館・共著）、『なぜ、あの会社は顧客満足が高いのか』（同友館・共著）、『OQ（オーナーシップ指数）』（同友館・共訳）、『マーケティング科学の方法論』（白桃書房・共著）、など。

西村《にしむら》　啓太《けいた》* ―――― 第1章、第2章、第5章、第8章執筆

株式会社博報堂コンサルティング エグゼクティブ・マネジャー。The University of York, M.Sc. in Environmental Economics and Environmental Management、および Central Saint Martins College, M.A. in Design Studies 修了。ビジョンや全社成長戦略、ビジネスモデルの策定、新規事業開発、マーケティングおよびデジタルマーケティング戦略の立案・実行支援に携わる。経済産業省における政策立案を支援、同省製造産業局の「クール・ジャパン室」立ち上げにも参画。慶應義塾大学大学院、青山学院大学並びに同大学院にて非常勤講師を務める。著書に『経営はデザインそのものである』（ダイヤモンド社、共著）、『なぜ、あの会社は顧客満足が高いのか』（同友館・共著）など。

吉田《よしだ》　寿美《すみ》 ―――― 第3章、第7章執筆

株式会社博報堂コンサルティング フェロー。慶應義塾大学経営管理研究科、ESSEC MBA（フランス・パリ）のダブル MBA を取得。日系企業のグローバルブランディング（商社・美容・人材サービス）、日系企業の海外進出支援（ベトナム・アメリカ・中国・シンガポール）、外資系企業の日本市場開拓支援（ラグジュアリー・製薬）などのコンサルティングに従事。著書に『実践 BtoB マーケティング：法人営業 成功の条件』（東洋経済新報社・共著）。

鈴木《すずき》　雅陽《まさはる》 ―――― 第4章執筆

株式会社博報堂コンサルティング プロジェクトマネージャー。慶應義塾大学大学院政策・メディア研究科修了。

在学中に大手企業とのブランドに関する共同研究においてグッドデザイン賞を受賞し、博報堂コンサルティングに入社後も経営戦略、マーケティング、事業開発、社内・社外へのコミュニケーション戦略に関する課題解決支援など、ブランドを専門に多くのコンサルティング業務に参画。デジタルガジェットと漫画が趣味。

高橋《たかはし》　悠一郎《ゆういちろう》 ―――――――――――――――――――――――――――― 第6章執筆

株式会社博報堂コンサルティング プロジェクトマネージャー。一橋大学商学部経営学科卒。博報堂入社後、博報堂内のマーケティング局・営業局・ブランドデザイン/イノベーションデザインチームを経て、現職。博報堂では、商品・サービス・施設・街など、あらゆる領域の広告コミュニケーション領域から商品・サービス開発、ブランド戦略策定業務に従事。その経験を活かし、博報堂コンサルティングでは、CEO・CMOのパートナーとして、経営×左脳に社会/生活者×右脳を掛け合わせ、企業の事業成長や事業変革/開発をサポートしている。

2020年10月10日　第1刷発行

市場の空気の読み方
—カルチャー活用による“脱競争”の戦略—

©編著者　川　又　啓　子
　　　　　西　村　啓　太
著　者　鈴　木　雅　陽
　　　　吉　田　寿　美
　　　　高　橋　悠一郎
発行者　脇　坂　康　弘
発行所　株式会社 同友館
〒113-0033 東京都文京区本郷3-38-1
TEL. 03(3813)3966
FAX. 03(3818)2774
URL https://www.doyukan.co.jp/

乱丁・落丁はお取り替え致します。
三美印刷／松村製本所
ISBN 978-4-496-05497-6
Printed in Japan